創見文化，智慧的銳眼
www.book4u.com.tw　www.silkbook.com

U0073610

創見文化，智慧的銳眼
www.book4u.com.tw　www.silkbook.com

懂的人都不說的社交心理詭計

現 在 不 弄 懂 ， 以 後 也 只 能 吃 悶 虧

老闆客戶朋友情人
最希望你看的書！
本書適合想攻略社交人心的各式人種。

你能主宰的，
永遠大過你想像的。

亞洲八大名師首席 **王寶玲** 編著

INTERPERSONAL MIND TRICKS
THAT EVERYONE KNOWS BUT YOU

開啟社交中的人心大門

　　很多時候，再有力量的武器也戰勝不了靈機一動的心理戰術，再有計劃的行動也抵不過一句撼動人心的語言。人與人之間心理的博弈才最有殺傷力和說服力。掌握他人心理，通曉與人來往的心理學詭計，攻下對方的心，那麼你將具有掌握現況的力量！

　　如果你在社交中懂得人人都喜歡讚美的心理詭計，就可以在社交中用讚美抓住人心，獲得他人的好感；如果懂得萬事皆有度的社交心理詭計，你就可以在社交中規範自己的言行，做到在與人來往不卑不亢，贏得他人的尊重；如果懂得「君子之交淡如水」的社交詭計，你就能贏得更多真心的朋友，穩固已有的友情；如果懂得要給上司留足面子的社交詭計，你就能得到上司更多的關照，讓工作更順利；如果懂得同事能共事但不能輕易做朋友的社交詭計，你就能與同事和諧相處，在公司裡擁有好人緣……

　　每一個人的幸福生活、成功工作都離不開與他人的來往。但是為什麼有些人在人際交往中會如魚得水、左右逢源，而有些人卻舉步維艱、進退維谷呢？原因就在於不成功的人一味追求人際關係，卻忽視了人際交往中的心理詭計的運用。其實，想要贏得良好的社交關係很簡單，學點心理策略，在洞悉人心的基礎上掌控人心，用心理策略處理人際交往中的種種問題，就能改難為易，成為贏得人心的社交高手。

　　著眼於這點，本書透過「社交陷阱」、「詭計運用」和「貼心忠告」三個重點提示了社交心理中的誤區與技巧。使讀者能在文章中體

現哲理，在不同的交際方法中總結策略，使能在提醒之中完善不足之處。

而業務人員需要交際、銷售、談判……與人打交道的時候最多，所以，不懂得銷售心理學，抓不住客戶的心理，不但生意做不成，利益也受到損失。我們應該要能從細微之處獲知他人真實的心理，並採取適當的方式來滿足對方的心理需求，不但能夠讓你少犯一些錯誤，更能正確地有的放矢，採取一擊就中的策略，達成自己的目的。

熟知人際關係秘訣的人，他們無聲無息地建立起了對自己有利的人脈圈，無論是職場、生活、交友、戀愛等方面都可以不受到阻礙地順著自己的心意走，正因為他們能敏銳地捕捉到他人心理的變化，既能表達自己的誠意，又能保護自己的利益，他們可以讓自身融於團體之中，並受到歡迎；也能讓對手摸不透自身的底細，更能克服自身心理上的弱點，讓想傷害的人無機可乘。

書中從提升自己、洞察世事、朋友社交、職場社交、客戶應對等十個方面深入，以淺顯易懂卻又哲理深厚的說明提點了一個又一個的社交技巧。書中更以簡易實用的技巧取代了晦澀難懂的專業術語，讓你在故事中感悟哲理，在感悟中尋求真理，開啟社交中人們的一扇扇心門，讓你能夠真正走入他人的心中，在社交中輕鬆掌握對方心理，利用心理妙方在社交中掌握主動權，避免不必要的吃虧和損失，擁有良好的人際關係。在社交中該避免哪些誤區？而又如何在避免誤區之中提升並完善自己的社交能力呢？翻開這本書，你將找到一切答案！

作者 謹識

CONTENTS 目　　　錄

CONTENTS目　　　錄

CONTENTS目　　錄

INTERPERSONAL MIND TRICKS THAT EVERYONE KNOWS BUT YOU

LESSON
1
初級心理剖析
讓人留下好印象的心理詭計

Point 1 讓人留下好的第一印象，只要黃金七秒鐘

　　我們在與他人第一次見面的時候，心裡總會暗自打一個對方的印象分數，這就是一般所說的「第一印象」（First impression）。

　　心理學家曾經做過這樣的一個實驗：分別讓一位戴著黑框眼鏡、手拿原文書的青年學者；一位打扮入時的漂亮女孩；一位提著菜籃、頭髮凌亂的家庭主婦及一位染著怪異髮色、身著奇裝異服的男孩，讓他們在馬路旁向路過的車揮手搭便車。實驗結果很明顯，漂亮女孩與青年學者的搭車成功率非常高，中年婦女則困難了一些，而另外的那個奇裝異服的男孩則很難搭到車。

　　這個實驗說明了不同的外在儀表就呈現了不同的印象，隨之就會產生截然不同的際遇。而50%的第一印象是由你的外在所決定的。你的外表是否乾淨清爽，是讓身邊的人判斷你是否可信的重要條件之一，也是初會面的人決定日後如何對待你的第一條件。

社交陷阱

　　人與人之間的來往，其中的微妙之處往往與個人主觀的第一印象有關。其實人們總是最相信自己的眼睛，卻從來不是先相信大腦。想成為一個讓人過目難忘的存在，首先，你就必須贏得人際關係中最重要的第一印象。

人際來往中的排斥與吸引雖然微妙，但不至於讓我們難以去掌控。只要能在第一時間獲得對方的好感，就能為未來的順利來往埋下最佳的伏筆。

　　我們來看看幾個關於第一印象的案例：

　　任職於外商公司的OL好庭：「我和男朋友交往了半年之後，有一天，他的父母突然說想來台北看看我們。那一天，他們因為早出門而提早到了台北車站，於是男友出門接他的雙親，我也因為第一次做那麼多道菜，手忙腳亂地準備午餐，花了比原本預估的時間還多了兩小時。結果，當他的爸媽進門的時候，我還在廚房裡團團轉。沒想到這樣慌亂的我卻因禍得福，聽男友說，我在廚房裡忙碌的場景，讓兩位老人家的印象非常好。本來他們還擔心這個年代的女孩子都太嬌氣，當不了好媳婦，但是我的圍裙和汗水，卻徹底解除了他們的心頭顧慮。」

　　研發部主任偉晟：「我在休假時接到通知，公司的亞太區技術總監看過我給他的建議之後很有興趣，於是想趁這次來臺灣時安排我和他會面。為了讓他對我留下深刻的印象，我沒有約定私人時間與他見面，反而是臨時決定加班一天，穿著實驗室的白長袍去見他，希望藉此給他一種『從忙碌工作中過來，會談結束後又馬上回到公司去』的印象。並且，在談話的過程中，我有意地與對方目光交流，不閃躲他的對視，自然表現我的自信和不卑不亢。我認為這次的談話非常成功，因為在這之後的幾次見面，他都能夠不用再介紹，就能直接稱呼我的名字。」

　　業務部經理睿潔：「一開始，我是從別家公司空降到這個部門當主管的，所以我能理解下屬會產生對於『外來者』的本能性的排斥，更何況年紀比我大很多的同事們也多得是。因此第一天上班時，我特別選了一身較為柔和的淡紫色套裝，而不是給人距離感的正統灰黑

色。等到中午的休息時間，我請辦公室的員工，還有行銷部的經理一起吃飯。在餐廳，我們輕鬆地相互介紹，聊一些有趣的私人話題。等到氣氛融洽的時候，我再來說說我的處事風格和一些要求。我覺得這次的聚餐吃得很值得，因為同事們的反應比在正式的會議上介紹來說，效果好太多了。」

這些給人良好第一印象的案例，有些是無意而為，有些是刻意為之，但是不論初衷為何，最終都獲得了良好的成效。嚴格來說，絕大多數人在與他人初次見面的四分鐘內，就已經形成了對對方的整體印象。因此，你在第一時間內所呈現出來的表情、外在儀態、用字遣詞、服裝、眼神等，或許你認為這些都是無關緊要的小地方，但其實這已經大大影響了將來雙方的來往意願與密切之程度。

詭計運用

良好的第一印象需要我們特別去經營。第一印象的形成，我們說50%取決於外表，而服裝的顏色又能決定另外50%的感受。暖色系的服裝配色一般能讓人感到親切與熱情，而冷色系則容易給人嚴肅與距離感。而其中40%的第一印象與聲音有關，音調、說話速度、節奏等聲音特質都能影響對方的感受。人們通常會在與他人初次見面時，特別注意自己的用字遣詞，但是實際上因我們談話的內容所形成的第一印象通常不到10%。

與人的交往中，第一印象發生的時間或許很短、或許很突然，你的一個眼神、一個動作，甚至是服裝的款式或顏色都會讓他人留下截然不同的印象。如果你總是能夠讓他人對你留下非常良好的第一印象，這當然是皆大歡喜。但是如果你讓對方對你的第一印象並不理想，例如第一次與高層主管開會，回來發現自己的襯衫釦子竟然一整

排都扣錯了；初次見客戶，你記得索取對方的名片，不過卻忘了給自己的；第一次與男女朋友的父母見面，卻不知道說什麼而出現冷場的局面……在現實的生活當中，是粗心疏忽也好，是太過緊張也好，我們都知道初次見面不夠完美，是再正常不過的事。如果這個人只是與你擦肩而過，沒有機會再次見面，那麼也就沒有機會、也沒有必要補救了。但是對於那些有可能繼續來往，甚至是要經常聯絡的人來說，此時的補救工作就顯得更為重要了。扣錯了釦子，下次雙方見面前仔細檢查就好了；忘記給對方名片，下次記得遞上並適當地表示自己的歉意就可以了；出現了冷場的局面，記得下次見面前多做些功課，事先找一些適合的話題就可以了。

彌補第一印象的失誤，最重要的就是創造更多的機會去接近那些對你印象欠佳的人，這是消除不良印象最關鍵的一步。很多人因為害怕對方對自己已經有了成見而不敢主動接觸，甚至刻意迴避見面，這樣一來，對方對你的印象會永遠停留在第一次見面的時候，至終也不會有任何改變。

詭計運用

第一印象有著極大的影響力，小至認識新朋友，大至面試、拜訪客戶、公司高層開會，不良的第一印象會在對方心裡根深蒂固。因此需要特別注意的是，想要修正他人對你留下的不佳的第一印象，需要很長的一段時間，因此你必須一開始就搶得先機。

貼心忠告

多數人都不知道,「要讓人擁有好印象,只需要七秒!」想快速獲得初次見面朋友的好感,你就應該拿出螢光筆劃下以下重點:

1.拿出自信,魅力四射

我們說自信是一種自我認同與良好的自我肯定,這些包含著有對自己的才能、處事能力、知識水準及健康等自身狀況有正面的觀感。若你在初次與人打交道之時,走路的步伐堅定、與人對談有趣得體、說話時雙眼有神、目光直視對方不閃躲……那麼你散發出來的這些自信感,都能準確地吸引到他人目光、給人一種舒服的感覺。

重點在於要掌握住既不過度自我感覺良好,也不過分卑躬屈膝的界線,這樣才能贏得他人的尊重與認同。

2.穿對了,連薪水都漲了

有些人認為穿什麼是個人的私事,因此就不修邊幅。誠然,穿衣打扮是個人的私事,但是如果在一個特定的環境當中,過度隨便或者是過分正經就容易引起不必要的誤解,影響到你給人的第一印象。

有調查發現,職業形象較好的人,其工作的薪資要比不注意形象的人高出8%至20%。當然,得體的衣著並不是意味著就要用亞曼尼的西裝或是愛馬仕的包來裝扮自己,而是要在適當的場合挑選出適合的衣服。

3.基本中的基本——有禮貌的言行舉止

有禮貌的言行舉止聽來簡單,一旦實行卻充滿許多眉眉角角(台語意指細節),例如說話與表達事情時簡單扼要,不亂用不適當的詞語;當別

人說得熱血沸騰時，不要潑冷水也不要隨便打斷；不追問自己其實不必知道或別人不想回答的八卦（雖然也許你真的很想知道）；與他人談話時保持合理、讓雙方無壓力的距離；若是有比手畫腳、口沫橫飛的壞毛病也請一併改正。

4.性別不同，重點相差十萬八千里

在印象構成的短暫過程之中，男性們是貨真價實的視覺動物。因為遠古時代男人以打獵為生，以至於他們在觀察環境時，視線習慣聚焦到某一點。因此，若想要給男性朋友們留下良好的第一印象，小姐們要記住：打扮得漂漂亮亮、乾乾淨淨就對了。

女性方面，受聽覺的影響最大，她們能從說話的語調與節奏感受到對方真實的內心情感，並藉此判斷雙方的態度與關係是否平等。因此，男士們如果想要讓女性留下絕佳的第一印象，請讓你真誠的讚美聲不絕於耳。

5.練習微笑吧

如果你笑容僵硬，怎麼樣都不會自然微笑的話，試著看看氣質美麗的空姐怎麼做。前一陣子曾有報導指出空姐咬筷子練習微笑，在必須面對客人的行業裡，多數都會要求第一線人員面帶微笑地接待客戶，但是微笑不是傻笑，更不能是苦笑，奸笑。專家說最美的微笑是開口露齒六顆到八顆之間，這就有一定難度了。如何笑得不討人厭，笑得吸引人心，這個存在你腦海裡不到幾秒的畫面，都是她們經由不間斷的練習，才能展現出這樣讓世人印象深刻的美麗倩影。何妨試試？要讓你的第一印象更難以抹滅，就讓你的笑容更到位吧！

學會欣賞別人的美，你才容易被賞識

　　每個人都希望像朵世界上獨一無二的花，接受各方的欣賞與讚美。但是別人注意到你、欣賞你的前提是：「你必須先學會看到別人的優點。」欣賞能帶給人信心，讓對方能充滿自信地面對周遭的人事物。而叫人生死相許的愛情，之所以有著難以言喻的吸引力，就是因為相愛的兩個人互相欣賞，不僅喜歡對方的優點，甚至包容對方的缺點、愛上對方的缺點。如果你在一個人的心中是完美無缺的，那將是多麼浪漫且值得珍惜的事。

　　北宋時期，大文學家蘇軾有一次與佛印禪師一起打坐。蘇軾想藉此機會戲弄一下佛印，於是對佛印開玩笑說：「大師，我在打坐時，用我的天眼看到的您，像是一團牛糞呢。」佛印回答說：「我在打坐時，用我的法眼看到的你卻是如來佛祖啊！」蘇軾回家後得意洋洋地告訴了蘇小妹，蘇小妹聽後說：「哥哥，你輸了，你難道不知道修行的一切外在事物都是內心的投射嗎？你的內心是一團牛糞，所以你看到的別人也是一團牛糞；佛印的內心是如來，所以他看到的你，就是如來啊！」

　　我們同樣能夠這樣解釋：如果你總是用雞蛋裡挑骨頭的標準看待周遭的人，那麼你看到的永遠只會是別人的缺點和短處；如果你總是能以樂觀的角度去看待他人，那麼看到的就會是別人的長處。其實每

個人或多或少都有自己的特色，特別是在同一個團體、或是面對不同的人或客戶，我們人與人的交往，本來就是如此。若我們在生活或工作之中善於發現別人的長處，看到別人的優點，這樣一來，人與人之間的關係就能少有那些不愉快了。

有很多大企業主在提拔部屬之前，都會藉由訪談來瞭解這個人的妻子的情況。當然，他們感興趣的並不是她的長相或是賢慧，而是她是否欣賞、支持自己的丈夫。如果妻子認可自己的丈夫，那麼丈夫和她在一起就是愉快的，即使每天疲累地回到家，他也能夠在她的肯定與支持之中重新獲得自信和鼓勵，第二天，他就能重新地面對一天繁忙的工作。

社交陷阱

人與人交往的道理，簡單來說就像照鏡子。你對著它皺眉，它肯定也是愁眉不展；你對著它開心大笑，那麼它肯定也會笑顏逐開。更甚者，「你笑，全世界跟著你笑。你哭，全世界只有你一個人哭。」你如何對待別人，別人也會如此對待我們。如果你看到的總是他人的缺點和錯誤，相對地，對方也沒有必要對你有好感。

英國著名的哲學家與科學家弗蘭西斯‧培根（Francis Bacon）說：「欣賞者心中有朝霞、露珠與常年盛開的鮮花。」學會找出別人的優點，要有一雙善於觀察的眼睛，要能從細微之處發現旁人無法看出的盲點。來看看曾經發生在作家林清玄身上的故事：

一天，林清玄路過一家羊肉館，一個陌生的中年人熱情地叫住他。他以為是一般的讀者，打了聲招呼就繼續往前走。沒想到中年人跑過來拉著他說：「林先生一定不記得我了！」林清玄楞了一下說：

「很對不起，我真的想不起在什麼地方見過你。」中年人說起二十年前他們會面的場景。當年林清玄在一家報社當記者寫社會新聞，有一天，員警抓到一個小偷。員警敘述，這個小偷手法高明、靈活，犯案千件卻是首次被抓，一些被偷的人家，更是過了幾星期之後才發現家中遭竊。

在這亂世，像他這麼細膩高明的小偷真是罕見。林清玄不禁對那小偷心生敬意，採訪了那個小偷。小偷很年輕，長相斯文、目光銳利。他拍著胸脯對員警說：「大丈夫敢做敢當，凡是我做的我都承認。」警方拿出一疊失竊案的照片給他指認，有幾張他一看就說：「這是我做的，這正是我的風格。」有一些屋裡被翻得凌亂的照片，他看了一眼就說：「這不是我做的，我的手法沒有這麼粗糙。」

林清玄寫了一篇專欄，但是卻沒有像一般的新聞那樣痛斥小偷的不法行為，而是在文章的最後感慨道：「像心思如此細密、手法這麼靈巧、風格這樣突出的小偷，又是這麼斯文有氣魄，如果不做小偷，做任何一行都會有所成就吧！」站在林清玄面前的羊肉館老闆，正是那個小偷。老闆誠摯地說：「林先生寫的那篇專欄，打破了我思考的盲點，讓我想，為什麼除了當小偷，我沒有想過做正當事呢？林先生，哪一天來，我請你吃羊肉呀！」

恐怕林清玄自己也沒有想到，自己幾句惋惜的話竟然影響了一個人的一生，竟然能使一個墮落的青年走回正道。林清玄的奇遇也告訴我們，一句欣賞的話語竟可成為溫暖一個人一生的感動。

詭計運用

欣賞能讓對方產生成就感，使得對方具有正向觀念，且能產生一種希望做得更好以討對方歡心的心理。如果一個員工得到上司的讚賞，他肯定會盡力表現得更好；而如果一個顧客的品味獲得銷售人員的讚賞，那麼他就能更有自信，甚至喜悅地不多問買下你的商品。欣賞別人，能使別人對自己更加抱有好感。

貼心忠告

1.欣賞，要與眾不同

欣賞別人也要懂得一些技巧。要儘量試著去讚揚對方自己沒有自信或不被眾人所知的優點，如果一個有氣質的母親和你第一次見面，你表示欣賞她的優雅氣質，那麼除了讓她一笑之外，不會產生什麼特別感覺，若你能表示欣賞她的持家之術，那麼她會非常高興。

2.欣賞，要明確對象

單獨對待個人，能讓人有種被重視的感覺。當你到朋友家做客，朋友向你介紹了他的三個孩子之後，你不是點頭微笑打招呼，而是走過去與他的孩子一一摸頭並問好，如此，他們會馬上對你產生好感。

Point 3 人的內心深處都渴望成為舞台上的焦點

　　焦點效應，也稱做社會焦點效應，是人們高估周圍人對自己外表和行為關注度的一種表現。這意味著人們往往會把自己看作一切的中心，並且直覺地高估別人對我們的注意程度。這其實是每個人都會有的體驗，這種心理狀態讓我們過度關注自我，過分在意聚會或者工作時周圍人們對我們的關注程度。

　　你有沒有過這樣的經驗？當與初次見面的人一起用餐時，你卻不小心打翻水杯，是不是感覺很尷尬？導致接下來的舉動都會小心翼翼。當你逛街時在某家店裡不小心跌得狗吃屎，是不是很長一段時間就不想再光顧那家店？這就是焦點效應在作祟。人們總是覺得外界的聚光燈對他們特別注意，而事實並非如此，其實注意到你的人並不多，而且即使注意了也是下一秒就會忘掉。如果你能利用焦點效滿足他人的心理，也不失為一個接近他人的好辦法。

社交陷阱

　　正是因為焦點效應，人們在與人交往的時候往往說的都是「我怎麼樣」、「我的工作怎麼樣」，這種將自己作為舞台焦點的人永遠無法受人歡迎，沒有人願意浪費自己的時間去聽別人的事。但是奇怪的是，他們更願意傾聽或者講述自己感興趣的話題。

每個人都有希望得到他人注意的心理，想要得到他人的喜愛，我們就必須利用這種心理，在來往中時注意對方的一舉一動，一言一行，讓對方成為舞臺上的主角，而你要扮演的就是崇拜他的粉絲。像是這樣的場景：

業務員：「您真是厲害，能看懂這麼多複雜的機械結構，我真是佩服您。」

客戶：「這個對我來說不難，沒什麼好大驚小怪的。我們是做這行的，哪像你們做業務的，動動嘴皮子就行了，而且看懂這個就這麼稱讚我，該不會是別有居心吧。」

業務員：「您不但對機械的常識好，口才也很好，像您這樣聰明的客人，我很少遇到啊。我是真心稱讚您的，每次都是我對客戶講解原理，今天聽了您的說明，真的是受益匪淺，對我之後的解說也有不少的幫助，很謝謝您。」

客戶被業務員捧得暈陶陶的，雖然表面上態度仍很倔強，但最後仍然買下了產品。

舉例，當我們跟大家一起看一張照片時，如果自己也在上面，那麼最快尋找到人物的通常是自己，而且會關心自己在照片裡好不好看。如果跟朋友聊天，也很容易就把話題轉移到自己的事來。我們跟他人接觸都是一樣的，沒有人願意聽有關別人的事，特別是對於陌生人，通常會認為這是在浪費自己的時間，但是對於自己的事，我們都樂意與人分享。因此，當我們與他人初次接觸的時候，談論的話題一定要是有關對方的，無論是對方的衣著、對方喜歡的書、對方辦公室的裝飾等等都是你可以找話題談論的內容。

詭計運用

當我們在與他人聊天的時候，關於對方的話題要有大小重點，不能你看到什麼都要提起來聊，這樣容易讓人感覺到你在找地方恭維，感受到企圖，就會對你產生警戒。

貼心忠告

我們想要利用焦點效應獲得他人的好感，就要讓對方感受到被萬眾矚目的感覺。想要達到這樣的效果，我們需要注意以下幾點：

1.英雄所見略同

不知道大家有沒有這樣的經驗：去outlet買東西或者去博物館參觀，你看上了一樣物品，另一個人也看上了這件物品，你們一起走近同樣的東西，一邊發出嘖嘖的讚嘆，這樣的幾秒鐘裡，你們便互相產生好感，有英雄所見略同的味道。

我們在與人交往的時候，不妨利用這種心理，可以仿效對方的衣著風格、說話方式、習慣動作等等，都會讓對方感覺到親切。不過，在仿效對方的舉止時，你要不著痕跡，否則就會讓人覺得你是在取笑或者故意討好他，到頭來只是得不償失。

2.用禮物買人心

我們在與他人來往的時候，可以用禮物表示對對方的重視，但是禮物如何送才是正確的，你真的知道嗎？以下告訴大家幾個贈送禮物的小要點：

◆ 對於生活不太富裕的對象

你送去的如果是實惠的生活消費品，就可以幫助他貼補家用。因此，較之精美的工藝品，食物等也能更令其心花怒放。

◆ 對於生活較富裕的對象

禮物應以精巧為宜。例如，一枚精緻的刻章、一個古樸的煙斗，既能讓對方滿意，也能節省不少「猜錯了又不討人喜愛」的無端花費。

◆ 送禮對象是老年人

禮物主要以實用為主。保健食品、舒適的衣物等都是不錯的選擇，搭配張充滿心意的卡片更容易打動老人家的心。

◆ 送禮對象是孩子

要以增廣見聞為主的禮物，父母最關心的就是孩子的成長。因此，益智玩具、百科全書等能夠啟發孩子智慧的禮物都會受到歡迎。

總之，送禮不在於價值昂貴，而是在於對方是否真的需要。若你選對了禮物，對方就能感受到你的貼心與親切之情。

Point 4

拿出權威，讓自己成為眾人信服的對象

　　權威效應，又稱為權威暗示效應，是指如果一個人地位高、有威信、受人敬重，那他所說的話及所做的事就容易引起別人重視，並讓他們相信其正確性。也就是我們通常所說的「人微言輕，人貴言重」。

　　權威效應的存在也有其理由，一是我們都需要安全感，即是我們總會認為權威人物往往「代表正確」，服從他們會讓自己有安全感，增加不會出錯的「保險絲」；其次是我們都有期待被讚許的心理，即人們認為權威人物的要求通常與社會規範一致，如果按照權威人物的要求去做，就會得到各方面的讚許或獎勵。

　　關於權威效應對於人們的影響，有這樣一個著名的實驗：美國的一所大學裡教師講課時，向學生介紹了一位從外校請來的德語老師，並且告知學生這位外校老師是從德國來的著名化學家。而這位「化學家」煞有介事地拿出了一個裝有蒸餾水的瓶子，說明是他混合的一種化學物質，有一些特殊氣味，請在座的學生若有聞到氣味就舉手，結果多數學生竟都舉起了手。對於本來沒有氣味的蒸餾水，由於這位「權威」的「化學家」的暗示而使得多數學生都認為它有氣味。這就是權威心理對人們的洗腦影響。

在現實生活中，我們常常會陷入對權威的迷信當中。其實，反過來思考一下，我們也可以利用權威效應來加深他人對自己的信任或印象。

在與他人來往的時候，如果僅憑藉著自己的力量仍不足以讓對方信服，我們就可以使用權威人物的名言或事例來打動對方，這往往能獲得事半功倍的效果。

我們都知道著名的航海家麥哲倫（Fernando de Magallanes）完成了環地球一周的壯舉，麥哲倫環地球一周所需要的經費是由當時西班牙的國王所提供的。出航所需要的經費是驚人的，那麼麥哲倫是如何說服西班牙國王呢？他並不是單槍匹馬去說服國王的，而是邀請了當時著名的地理學家路易‧帕雷伊洛。

當時，由於受哥倫布航海成功的影響，很多騙子都覺得有機可乘，於是就打著航海的幌子贏得皇室的信任，騙取金錢。因此國王對於一般所謂的航海家都抱持著懷疑態度。但是和麥哲倫同去的路易‧帕雷伊洛卻久負盛名，是公認的地理學界的權威，國王不但尊重他並且非常信任他。路易‧帕雷伊洛向國王歷數了麥哲倫環地球航行的必要性和各種好處，終於讓國王心悅誠服地點頭了麥哲倫的航海計畫。

因為相信地理學家路易，國王才相信了麥哲倫，這就是權威效應的作用。

在現實生活中，利用權威效應的例子很多，例如：拍廣告時請知名人物替某種產品代言，在辯論談判時引用權威人物的話作為論據等等。在人際來往中，利用權威效應，就能夠達到引導或者改變對方的態度與行為的目的。在資訊爆炸的現代，一個平凡小人物經過新聞媒體的炒作，也能變得身價倍增，經常出現的網路上的一夜爆紅人物也

印證了這種效應。

貼心忠告

　　在人際來往之中要想駕馭他人，除了利用權威人物之外，最有效的辦法就是讓自己也成為一個權威人物。只有自己有分量了，你說出的話才更容易讓別人信服，也不必為了增加自己觀點的含金量而得挖空心思尋找某位權威人物的言論做證明。那麼，如何做才能在人際關係中樹立一個權威的形象呢？

1.樹立光明的人格形象

　　高尚的修養是使人信服的最基本要件，想在人際關係中提高自己的威信，樹立自己的權威形象，那麼你的思想人格的修養必不可少。試想一下，如果最終發現人們所欽佩的權威人物是一個作風老舊、道德敗壞的人，那將是一件多麼可笑的事情。

　　一個人只要人格好、做事光明磊落，那麼得到別人的信任是理所當然的。換句話說，在與人來往的時候，只要我們行得正，就自然而然能得到他人的尊重，做一個有品格修養的人，是成為權威人物的先決條件。

❗ 2.豐富的知識閱歷

想在社交場所吸引他人的目光，我們必須有效學習，不斷吸收新知識，豐富自己的內在。一個有著豐富的知識和閱歷的人，才能對人對事有著自己獨特的觀點，看待問題也才能客觀全盤，做事才能細心周到，更容易獲得別人的崇拜。如果一個人大腦空空如也，人云亦云，那麼別人也不會將之放在眼裡。

❗ 3.彎下腰的為人處世之道

或許你學富五車，或許你名利雙收，但如果你與人來往時總是一副高傲的樣子，那麼很可惜地，還是無法成為人們心中真正的權威人物。只有回到原始，平易近人、謙和謹慎的做人處事態度才能幫助你樹立起權威的形象。

我們在生活中，一定要做到不管面對什麼樣的人，都要真心誠意地相處，若能如此，那麼你肯定能在自己的交際圈中建立起良好的個人形象。反之，如果你裝腔作勢，經常擺出一副高高在上的樣子，就不可能贏得別人的好感，更不用說樹立什麼八竿子打不著的威信了。

細節決定成敗，還能輕鬆獲得好人緣

　　我們都聽過：「細節決定成敗。」著名的現代主義建築大師密斯・凡・德羅（Mies van der Rohe）是二十世紀中四位最偉大的建築師之一，美國當今最好的戲劇院有不少是出自於德羅之手。在被要求用一句話概括自己成功的原因時，他說：「魔鬼在細節裡」。表示不論設計草圖如何地輝煌大器，如果不能掌握住細節，就不能稱之為好作品。細節的生動可以成就一件作品，同樣細節的疏忽也可以毀壞一個絕世藝術。德羅自己在設計每座劇院的時候，都會精確地測量每個座位與音響、舞臺之間的距離，以及因為距離差異而導致的聽覺和視覺感受的不同，以確保每個座位都能獲得最好的觀賞效果。設計要注意細節，與人來往同樣也要注意細節，關注細節能讓你成為人氣王。

社交陷阱

　　細節是整體完美的一部分，同時也具有破壞整體完美的力量。在人際關係，我們對於細節的處理就決定了一個人對你的印象是否能有所改觀。千里之堤，毀於蟻穴。我們在與人來往時要注意待人處事的細節，切忌因小失大，後悔也已來不及。

　　相信很多人都有這樣的經驗，在做事之前志得意滿，但是最後卻失敗了。而阻礙自己成功的也並不是什麼原因，就是一個不經意的微

小細節就絆倒你自己了。

關於細節能影響地多嚴重，我們來聽聽偉誠的自述：

「那天，我去參加面試之前，吃飯時不小心碰倒了水杯，把放在桌子上的履歷弄濕了。因為時間又快到了，我只能把履歷簡單地擦了一下，便匆匆趕往面試的公司。」

「按照那家公司的要求，應徵者必須先與主考官簡單交談，他們才收履歷表，而被收履歷的人將有機會參加第二輪的面試。」

「輪到我的時候，經過順利的面談，主考官向我收履歷表了。但當我掏出履歷表時才發現，紙上不光有一片水漬，而且在包包裡亂塞，早已被蹂躪得不成樣子，沒辦法，我只能硬著頭皮把這種履歷交了上去。」

「三天後，我參加了面試，我的表現非常出色。當面試完走出辦公室時，一位負責的小姐說我是面試當中最出色的。這句話讓我非常高興，但是一個禮拜以後我依然沒有得到回覆，我忍不住打電話詢問，沒想到我得到的答案是：「其實部門主管對你非常滿意。但是你栽在履歷表上。老闆說，一個連履歷表都保管不好的人，要怎麼讓他處理公司的大小事？你應該知道，履歷表代表的就是你自己。」

「這時，我才意識到細節的可怕。」

我們不能說偉誠不能勝任這份工作，但就是一份不完美的履歷表毀掉了他自己的未來，其實他有才能，也能表現地更好的，但這需要每一個細節都配合地很完美。想毀壞自己很容易，只需要一個小細節出包就可以。

詭計運用

　　某人在衣服上別了一個小小的胸針，如果你能即時發現並讚美，對方就可能會因此對你產生好感；如果你把約會時間由三點三十分改為三點三十五分，並準時到達，那麼對方可能會因你的守時精確而對你刮目相看。只要你能在人際交往中刻意注意一些細節，就能獲得良好的成功機遇。

貼心忠告

　　很多時候你不知道對方為什麼喜歡你或者討厭你，都是因為你沒有注意到與對方有關的細節，因此，要想贏得好人緣，就要適時且成為習慣地注意細節：

1.記住他人隨口說過的話

　　我們每天都會說很多話，但並不是每句話都有重要的意義，有的話說過了就被拋之在後。但是如果我們能在這些人們隨意說過的話上做文章，就有非常大的可能會有意想不到的收穫。如果你適時地提起他以前說過的話，例如：「你以前說過……，現在證實了，至今也讓我記憶猶新。」聽到這樣的話，對方一定會因為受到你的重視而高興。他會認為你是一個細心的人，一個關心他的言行的人。

2.用細節修飾自己

　　我們要學會利用一些細節塑造自己的好印象。例如：

◆在與別人交談時，驚訝時瞪大眼睛，疑問時率直詢問，聽完後簡單

複述。這樣一來，你就會讓對方留下很好聊天、擅於交際的印象。

◆ 對於別人的邀請，如果你能拿出記事本，認真地記下時間和地點，就會讓對方留下你非常重視他的好印象。

◆ 如果你將約會時間將八點三十分改為八點三十五分，你會讓別人留下繁忙但有次序的印象。

如果你懂得用細節修飾自己，就能為你的交際錦上添花。

3.注意別人的日常小變化

沒有人不喜歡別人的關心，也沒有人會反感關心自己的人。因此，想成為人氣王，你應該將自己對別人的關心適時適切地表達出來。如果你發現對方的穿著、髮型等出現了新的變化，最好要立刻說出。如果對方換了新髮型，修了瀏海，你能好奇地說聲：「這個髮型很適合你，很好看耶！你在哪家做的啊？」那麼對方一定會非常高興地接受你的關心，並對你產生好感地聊得滔滔不絕。特別對於女性來說，這是一條百發百中的妙計。

社交就是：先把自己當成產品賣出去

　　有些人認為，社交不僅僅是人際關係的一部分，而是在販售「個人魅力」。銷售也是，舉例來說，推銷也是一個過程，而在這個過程當中，最重要的環節就是贏得客戶的信任和好感——也就是先把自己推銷出去。只有對方在認同你時，才有可能接受你的一切；客戶只有在認同眼前這個業務員之後，才有可能接受他所推銷的產品。不然你即便是再好的人，業務員推銷的是再好的產品，也都難以打動對方的心。

　　因此，我們知道優秀的業務員都是在向客戶介紹產品前，先把自己介紹給客戶，在取得客戶的信任之後才開始介紹自己的產品，進一步讓客戶心甘情願掏錢買單。人際關係也是如此，請先讓人喜歡上你，再暴露出你的訊息，這能更有效提升他人內心對你的好感度。

社交陷阱

　　加州柏克萊大學心理學教授馬布藍（Albert Mebrabian）提出著名的「7：38：55定律」，指出人們在看待他人時，有55％的印象分數來自外型，38％受到說話語調與表達方式影響，至於對方究竟說出哪些實質內容，卻只占了印象分數的7％。換言之，如同前面所提到的，穿著與儀態，極大程度決定了第一印象以及別人對你的「好感度」。

因此平時就要培養外在形象與談吐氣質，學習社交技巧與禮儀，陶冶個人魅力。在與初次見面的人接觸時，對方對你並不了解，只能憑著第一印象決定是否要與你進行進一步的往來。所以，我們平時一定要注重自己的儀表，力求給對方留下一個好印象，為日後的往來打下基礎。

　　約翰是一個德國醫療器材經銷商，為了節省成本，他想從中國大陸引進一些醫療器材。他聽說R公司是中國國內有名的醫療器材生產商，便主動與R公司的業務員聯繫，希望能與R公司合作。

　　到了約定好的會面時間，約翰坐在辦公室裡等待R公司業務員的到來。不一會兒，響起了敲門聲，約翰便請他進來。

　　門開了，約翰看見一個人走進來說自己是R公司的業務員。這個人穿著皺巴巴的淺色西裝，裡面是一件襯衫，打著一條領帶，領帶有些髒，好像還有些油污。他穿著棕色的皮鞋，鞋上面好像還看得見灰土。約翰打量著他，心裡起了個大問號，似乎只看得見他的嘴巴在動，卻不清楚他在說什麼。

　　業務員如同機器般的介紹完之後，沒有再說別的，氣氛頓時安靜下來。約翰回過神來，對他說：「把資料放在這裡，你請先回去吧！」但是業務員離開之後，約翰卻完全沒有意願去翻看那份資料。

　　最終，約翰沒有與R公司合作，而是選擇了另外一家醫療器材生產商。

　　由於那位業務員沒有讓約翰留下一個好印象，所以約翰對他所代表的產品完全沒有想要了解的興趣，使得雙方的交流在還沒開始的情況下就已經畫下休止符。

貼心忠告

　　有一些人會因為缺少足夠的自信與待人的熱情，或是生性害羞，認為自己不擅與他人相處，而使自己陷入被動，因此待人時失去了熱情，而與陌生人成貴人的機會擦身而過，但太過熱情又會使對方落荒而逃，具體來說，可以留意以下幾點：

❗ 1.熱情大方地對待對方

　　我們對他人的熱情是可以透過語言、行動和態度表現出來的。例如業務員在接待客戶或向客戶介紹產品情況時，業務員需要面帶微笑，眼神要有親和力，表現熱情時要自然，讓客戶感到親切與溫暖，但是絕對不要過於誇張。

　　尤其業務員可以適當地使用一些身體語言，例如手勢、身體姿態等，但是一定要正確使用，不要對對方比手畫腳，以免引起反感。

❗ 2.注意用詞的使用

　　在與對方的溝通過程中，我們正確使用語言也可以讓對方感受到熱

情。例如在與對方商討事情時，要盡可能多用「我們可以」、「您認為」等詞語，避免使用「我能」、「我會」、「我覺得」、「我希望」等自我中心較強的詞語，巧妙地遣詞用字可以拉近彼此間的關係，增加彼此間的共同感。

❗ 3.不要迫不期待地打斷對方

有些人為了讓對方了解自己的想法，經常不顧對方感受，動不動就打斷別人的話。他們總是說：「你知道嗎？……我覺得啊……先聽我說好嗎？……」等等無視他人回應的話語，這樣子的熱情只能說得上是沒有禮貌，甚至有些人還想用自己的想法來取代他人的想法，堅持自己的想法才是對的，一旦被反對就極力地想洗腦對方，如此，你的人際關係也只能告終了。

特別是對待客戶時，有時候對方並不想聽業務員滔滔不絕的長篇大論，他們想聽的無非就是重點、重點、與重點罷了，配合客戶的不同個性，尋找出你要說的話裡的絕對重點，既可節省彼此時間，更能讓客戶覺得你是個簡單俐落的人而抱有好感，不打斷對方的話題或疑問，是一種最基本的禮貌。

Point 7

社交必備七字訣：
膽大、心細、臉皮厚

簡單來說，只要我們將「膽大、心細、臉皮厚」七字訣作為個人座右銘的話，那麼保證情場春風得意，商場飛黃騰達。

「膽大」是指對自己要有信心，對認定的目標要有大無畏的氣概，抱著必勝的決心，積極主動地爭取所想要的事物。

「心細」是指善於察言觀色，投其所好。對方最關心的是什麼？最擔心的是什麼？最滿意的是什麼？最忌諱的是什麼？只有你在他的言談舉止之間捕捉到重點，你的談話才能有的放矢，處事才能事半功倍。

「臉皮厚」實際上是指優秀心理素質的代名詞，讓我們正確認識挫折和失敗，有不屈不撓的精神與勇氣，這在任何行業間都適用。

社交陷阱

天下沒有白吃的午餐，天上掉下來的免費禮物也可能是場災禍，你不主動走出去打造你的友好人際關係，不主動與人接觸，那麼你永遠就只有吃悶虧的份。為什麼各國的總統無論見到誰都能面帶微笑？因為他們已被培養出這種君臨天下的心態。

主動走出去打造你的友好人際關係，除了膽大、心細、臉皮厚這

七字訣外，你還需要能夠博得對方情感的舉動，如此才能深入人心，讓你所接觸到的新人、舊人對你留下良好的印象。

美國的凱特公司有這麼一條規定：「凡是購買本公司商品的顧客，若發現品質有問題，本公司保證在四十八小時之內登門解決。」凱特公司徹底執行了此條規定，有時，凱特公司甚至會花幾千美元請直昇機運送價值只有幾美元的商品。凱特公司認為「商場」其實就是「情場」，以情動人才是留住顧客的永久良方。

一位在中東地區旅遊的中國人，當他旅程即將結束，想給家人買幾件伴手禮時，他走進一家外表看來頗具特色的商店，迎上來的人微笑著道歉說：「老闆不在，我只是負責修理東西的維修員，並不知道店內東西的價錢。」正在這位中國客人考慮是否要等待時，店裡響起了中國風的音樂，於是中國客人頓時倍感親切，留下來聆聽了一陣子，聽完之後，那位先前外出的老闆也回來了。這家店就是利用中國音樂製造親切感，留住顧客，讓顧客願意耐心等待。

除了膽大、心細、臉皮厚之外，有時決勝的關鍵卻在，你能不能做出打動對方的心的有效舉動。

詭計運用

如同人生一定會遇到難以計數的失敗，這是再正常不過的事。維護社交關係時我們該異於常人的就是「耐心」，這一點是每個人都需具備的「武器」之一。相信所有的不順遂都是為了日後的人際關係的順利開展做準備。

貼心忠告

假設這世界上有一千條道路，但卻只有一條能到達終點，如果運氣好可能第一條就成功了；如果運氣不好，可能就需要嘗試很多次，但是記住：你每走錯一條路，就離成功更近了一條路。以下以業務人員做為案例：

1.膽子要大

◆ 業務人員的膽大表現

業務員的膽大表現在於對公司、對產品、對自己有信心。一定要經常告訴自己，我們公司是有實力的，我的產品是有優勢的，我是有能力的，我的形象是讓人信賴的，我是個專家，我是最棒的。

◆ 拜訪客戶前先問問自己

是否充分檢查過自己？形象是否無可挑剔？走起路來是否抬頭挺胸？表情是否愉悅親切帶有自信？

◆ 保持平衡的心態

如同我們追求心儀的對象，你並不是去低聲下氣地求她恩賜，而是要想著：「我不該讓她錯過一個能讓她幸福的男人」。同理，我們面對客戶，面對人際關係中的各種人物，也要保持正面的心態：「對方是重要的，我也是同等重要的，如果我們合作，他能為我帶來業績，而我能為他創造財富或幸福。」

2.要足夠細心

◆ 在不斷的學習中進步

只有具有廣博的知識，你才會有敏銳的思考與觀察力。對於公司、產

品、自身職責、專業知識等更是要了然於心。

◆ 無論與誰談話時，都要注視著對方的眼睛

如此一能表露出你的自信，二則你可以透過眼神發現對方沒有用語言表達出來的「想法」，靈魂之窗是很難真正騙到人的。

◆ 傾聽

除了會正確簡潔地表達自己的觀點之外，更重要的是學會「聽」。聽，從來就不是敷衍，而是發自內心的意會。

3.臉皮要夠厚

◆ 永遠對自己有信心

很多事不能成功，有時並不一定就是自己的能力問題，而是時機不成熟；或者不是公司的產品不好，而是不適合對方。

◆ 要有必勝的決心。即便失敗了很多次

要不斷地總結自己的成功之道，回想自己過去的成功經驗，不斷找尋自己的優點。

◆ 多體會成功後的成就感

多體會成功後的成就感，這將不斷激起你征服的欲望。要把每次與他人的談話或談判當作你用人格魅力和膽識征服一個人的機會。

INTERPERSONAL MIND TRICKS THAT EVERYONE KNOWS BUT YOU

LESSON 2

做最優秀的自己

進化自己的心理詭計

每個人最該給自己的禮物：
一個客觀評價

　　在爭權鬥利的環境當中，哪個凡夫俗子不渴望成功？又有誰不喜愛獲得他人的尊重與崇拜？但是殘酷的是，現實往往很難盡如人意。這些聽來老梗的道理，孫子先生兩千多年前都已經說破了：「知己知彼，百戰不殆。」邁向你所希冀的路途的第一個十字路口，就是對自己有一個客觀、深入的認識，只有清楚了自己的內心所想，才能與別人比較（甚至分出高下優劣）。當你連自己在想什麼都摸不著頭緒時，那麼即便你再熟知他人底細也沒有任何意義，因為你已經失去最初衷的意義。

　　「懂自己」，最直接的方法是瞭解自己的優點和缺點。但你可以發現，在周遭環境當中，能真正包容自身的優點和缺點的人並不多。大多數明顯分為兩種，「自卑者」常常無視自身的長處，而「自負者」總是自我感覺良好，難以發現自己的不足之處。

社交陷阱

　　如果你是個悲觀者，總將目光集中在自己的缺點上，無視優點，那麼你的人生就像是黑白電視；反之，如果你總是只看見自己的優勢，那麼不狂妄自大地讓人厭惡也難。若你不能給自己一個最好的禮物——一個客觀評價，不能正確認知自己的優劣之處，那麼更難去談什麼自我提升。

「人貴有自知之明」。人和人之間的主要區別，在於想法和做法的不同，有一個故事很生動地說明了這件事實：

一位下級軍官問普魯士國王腓特烈大帝（Friedrich II）說：「我跟著您出生入死，歷經百戰，為什麼卻始終只能位居低層，不能像許多戰友一樣，節節高升，榮耀我的祖先呢？」腓特烈大帝聽完後只是面帶微笑，指著一頭正經過身邊，馱運著重物的驢子答道：「你知道嗎？這驢子和你一樣，跟我出生入死，身經百戰，但它仍是一頭驢子。」

這個故事的重點不過是：「看清自己。」若我們總是看不見自我本質，看到的卻是被刻意放大的優點長處的話，人性就容易變得貪婪，人生的方向也將被無知的雙眼所遮蔽。人生來非完美，了解真正的自己，給出一個客觀評價，才能找到最對的方向去改善你自己，使你更趨於完美。

詭計運用

人必須在對自己有客觀的認識與評價的基礎上，合理安排自己的工作和生活的目標，不對自己提出過高、不切實際的期望，也從不低估自己的實力。這樣才能逃脫錯誤的心理危機，充分發揮自己的潛在能力。

不諱言，認識自己往往比認識別人更加困難。認識別人，理所當然是站在客觀的角度以客觀的標準去衡量的；但認識自己卻不一樣，這點受到主觀意識的支配，增加了難度。那麼我們究竟該如何做到客觀認識自己呢？以下方法告訴你：

（1）先跳脫自己，再分析自己

分析自己，首先必須保持平靜的心。先瞭解自己的客觀情況，再

根據自己的情況，分析出自身的優與劣，如此才能找到適合自己的方向。而判斷自己的客觀情況有這些：

◆ 我的長相，例如：臉蛋、身材、裝扮等。

◆ 我的氣質和性格類型，例如：仙女氣質、書生氣質，或性格開朗、性格內向等。

◆ 我的性別行為模式，例如：是否具有男子氣概或大家閨秀、千金名媛的氣質。

◆ 我的想法和品性，例如：是否為社會的普遍道德標準所認可。

◆ 我的專業能力，例如：在同輩人當中，我大概位屬什麼水準。

◆ 我在別人心目中的地位，例如：是否為社會所需要和重視？是否為他人所喜愛與尊重等。

（2）一日一省就足夠

現代人最常掛在嘴邊說的話就是：「我很忙！」。隨著高度的社會環境發展，現代人幾乎都是忙碌一整天，以至於長期忽略了內心世界的需要。一個真正有成就的人只要有時間能夠停下來，就會思考自己做過的事。例如問自己一些問題：「你到底在忙些什麼？」、「你是否失去了獨處的時間？」、「你是否正在往既定的目標前進？」。

「一日三省吾身」，對現代人似乎過於為難，因此我們說「一日一省就足夠」，即便是一日一省，如能更認真看待自己一天做人做事的得與失，避免再犯同樣錯誤，只要如此，就可減少浪費的失敗成本與時間，才能更有效率地提升自己。

（3）丟掉皇后的魔鏡，以人為鏡

皇后的魔鏡說的一口甜話，是一面遮蔽真實的邪惡之鏡，然而唐太宗說：「人以銅為鏡，可以正衣冠；以古為鏡，可以見興替；以人為鏡，可以知得失。」即便是現在，能做到一日三省吾身，積極改善自己的缺點的人想必不多，於是我們更需要藉由外在的反射來辨識自

己，認清自己的真實。

　　以人為鏡，就是將別人的成敗得失作為自己的借鑒，透過觀察他人的行為（或是他人處事的最後結果），告訴自己：「若同樣有別人不好的地方，我們改變，沒有，就鼓勵自己吧。」如此，想達到客觀評價自己的目的也就不難了。

　　（4）他人的意見值得參考，尤其是親友

　　就像是談戀愛時，熱戀中的人總是一頭栽進去愛情漩渦，也許看不見對方隱瞞的真相，即便是週遭親友力勸放下這段感情，對當事人而言，在那當下仍是認為旁人不懂得真正的愛。所謂「旁觀者清，當局者迷。」最常上演的橋段，也不過如此。如我們僅僅憑藉著對自己的認識來做一切重要決定，那麼有可能導致許多災難性的事件發生。當我們難以做出真正客觀的評價時，多聽取別人的意見，或許你的好友發現你沒注意到的問題所在，解除對你不利的一切狀況，才能逐一克服各種阻礙，實現你所想要的一切。

貼心忠告

❗ 1.堅持，堅持，再堅持

　　堅持什麼？你必須堅持為人處事都要以正確的理念和態度來對待他人，在他人提出的建議中不斷修正自己，以積極、樂觀、快樂的人生態度來適應社會、融入團體。但同時，你要有個人的獨立性格，不人云亦云，有自己的個性與追求目標，記住，世界上沒有一個人是該為了他人的評價與期待而活著。當你選定了處世原則或生活的目標，就要堅定不移地走下去，丟開別人的議論，正所謂：「路是自己走的，話，讓別人去說

吧。」。

❗ 2.你從不是一成不變，也不該如此

世上永遠不會變的定理是：「沒有一成不變的人事物。」而每個人在不斷的自我進化當中，自身的優缺點也會不斷地隨著年紀、見識、經驗增長而減少、改變，這是一件值得期待的事。因此，我們在認識自己、懂自己的過程當中，不要忘記看重自己的未來延展性。透過不斷進化的同時使自己隨時更新在最佳狀態。

❗ 3.揚長避短，靈活運用優缺點

就像雨林中的動植物一樣，人類也該學會隨著不同環境，靈活應用自己的優缺點。你不是那麼完美？沒關係。學會揚長避短，你不說還沒有人知道呢。但如果你的環境無法讓你這麼隨心所欲，那麼首先你應該先思考一下二者之間的關係，如果沒有真的迴避缺點的可能，那麼適時地自嘲也能助你渡過尷尬難關。

除此之外，你還可以運用「以優補缺，以缺護缺」的策略。前者是無法迴避時的補強措施，避免一直處於挨打的局勢；後者則是為了模糊你自己，避免成為被攻擊的目標，同時降低別人對你的戒心，「槍打出頭鳥。」因此示弱也是一種策略。

大方秀出自我，打造完美形象

德國哲學家恩格斯（Friedrich Von Engels）說：「發展和自我表現是生活的基本需要之一。」人際關係中，無關個性沉默開朗，都應該樂於表現自己。亞洲人的民族性一向以「謙虛」為美德，以至於多數人都不習慣大大方方的表現自己，同時也對他人的「爭強好勝之心」存有非議，認為這是破壞團體和諧的不當舉動。

其實人生可說是一個逐漸發展的過程，它包含著兩個相互聯繫、相互影響的部分：一是架構自己，是指人對於自我的塑造與培養；而另一個是表現自己，也就是將人的自我價值外現，以獲得社會地位的實現或他人的承認。因此，大方秀出自我絕對說不上是什麼錯，正好相反，善於展示自我、表現自我優勢的人往往能夠贏得更好的人際關係，也更容易實現自身的價值。

社交陷阱

有技巧地秀出自我，可以為你的人際關係加分，但是如果表現過度，讓對方看出了你的表現欲過強、侵略性格過強，甚至看破你的一舉一動都是刻意「演出」的，那麼不僅不能贏得他人的好感，反而一舉跌落谷底，讓別人輕視、不再信任，甚至影響你週遭的人際來往及旁人看待你的眼光。

善於展露自我，同時可以讓你贏得他人的好感，為自己打造完美的形象。但若你是那種沒有限度且沒有技巧地表現自己的人，那麼不如低調地融入人群更好。

　　也許你就認識這樣的人：他們看起來總是非常開朗且善於高談闊論，經常因為一些小事就放聲大笑；經常誇耀自己的朋友有誰有誰，但實際上週末卻是宅在家裡；他們熱愛將自己形容得無所不能，但事實上往往才能平庸。這樣子的人反而具有很強的表現欲，他們刻意在人前表現自己，想以這種方式引起他人的注意與崇拜，殊不知，這樣的行為不僅不能贏得他人的好感，甚至還會影響自己正常的人際關係，給自己及他人都帶來不必要的麻煩。

　　整體看來，我們說表現欲過強的症狀主要有以下幾種：

　　◆表情過度誇張，裝腔作勢，分享的情感經驗膚淺。

　　◆習慣以自我為中心，強求別人滿足他的需要，若不滿意就給別人難堪或直接表達出強烈不滿。

　　◆需要外界的鎂光燈，為了引起注意，不惜嘩眾取寵，危言聳聽，或喜歡在裝扮及行為上異於常人。

　　◆說話誇大其詞，摻雜部分幻想情節，缺乏具體的細節，令人難以相信。

　　這樣的行為表現在人際關係中都是要絕對避免的，秀出自我的目的是為了建立良好形象，絕非是為了表現而表現，這在人際交往中是絕對NG的做法。

詭計運用

　　想抓住任何一個成功的機會，就要勇於、善於表現自己。適當地展露自己的才華與能力是為了贏得他人的好感，打造自己的正面形象，透過合理的途徑和適當的方法，將自己完美的一面展現出來，才能讓別人在心中替你加分，更能為自己贏得絕佳的人緣。

　　事實上，很少有真正的笨蛋，每個人都是優秀的，在別人眼中看來的「不聰明」，實際上不過也就是因為不善於展示自己優點的誤會罷了。有這麼一篇新聞：有位十分熱愛樂高積木（LEGO）的男孩山姆（Sam Johnson），他八歲時應徵樂高公司沒有下文，直到二〇一〇年（他二十三歲）成為了產品設計學士，而且畢業專題使用他最愛的樂高製作，歷經十五年的時光，總算讓他得到了夢想中的樂高設計師的工作。他甚至曾直接寫信給樂高公司，詢問要如何才能成為樂高設計師，而他收到了一份設計師需具備的條件清單。

　　善於展現最棒的自己，能抓住你想要的一切。那麼如何才能做到既合理展現自我又不表現過度呢？以下總結了有效方法。

　　（1）關鍵時刻當超人

　　當工作或生活中臨時出現了一些狀況時，你要能夠勇於挺身而出，正所謂「關鍵時刻見人心。」同理，關鍵時刻也是你展現能力的最佳時機。在別人猶豫不決或雙手一攤沒有任何辦法時，如果你能將問題很漂亮地解決，那麼在其他人的心中你的能力就會被認可，還能為自己贏得「臨危不亂，能力優秀」等好印象。

　　（2）讓別人注意你的好

　　你對自己的好心知肚明，但只有自己知道是遠遠不夠的。

曾有位雜誌的負責人，他在自己並不需要錢的情況下多次向銀行借錢，並在約定還款的日子將錢一分不少地還給銀行，此舉為他建立良好的信譽，使得他日後在生意上的往來遭受挫折時，能夠申請通過銀行的大筆貸款，讓他走出了困境。因此，讓別人注意到你、相信你的好，或許將來得到的回報，比你想像的還要多呢！

（３）秀出個性自我

個性就是個別性、獨特性，也就是一個人在想法、性格、氣質、意志、情感、態度等方面異於他人的特質，這種特質表現在外就是語言、行為和情感等的不同，是一種個性化，而個性化是我們的存在方式。

在社交中，想要展現自我就一定要勇於展現個性，讓自己的真性情能簡單地表達出來，這不僅能讓別人感受到貼近，更能表達出自己的切身感受，率直而不矯飾，它能簡化原本複雜的社會人際關係，讓別人對你留下更深刻的印象。

貼心忠告

🔴 1.幽默讓你成為人氣王

大家都有這樣的經驗，當我們旅途疲累，或是漫長的等待時，朋友突然爆出的一句幽默話語，或是一個誇張故事，能讓大家笑顏逐開，瞬間消去疲勞。幽默能使你有智慧，且平靜樂觀地面對生活小事物；幽默能讓你的生活多姿多彩，充滿自信。更重要的是，幽默感還能感染周遭的人，讓他們充滿歡笑。學會幽默，你便擁有了受歡迎的最大資本。

與朋友來往時加一些幽默的調味料，也是表現自己的一大招數。幽默

本身就是一種智慧,更是一種社交技巧。天生幽默的人,在人際關係中會表現出積極樂觀、與人為善等各種優良人格的一面,因為幽默的本質就是優秀而豐富的內涵投射。

❗ 2.記得給別人表現機會

人與人之間的往來是互相的,只有你給別人機會,日後別人才會給你機會,同樣地,想要展現自己,當然也要給別人自我表現的時候。如果正好碰到你和他人都想展示自己能力的尷尬情況時,此時不妨謙讓一下。如果你急功近利,因為和對方搶著表現而鬧得不可開交,除了錯失機會不說,還會讓兩人之間的關係直下山谷。

留一手給別人表現的機會,在外人眼裡看來你更是一位有風度的人,對方心中也會對你的謙讓心生好感。機會雖然不是經常有,但是給了別人機會,也就是讓自己能夠等待更多對方因回報而給予的機會,一舉兩得,你何樂而不為呢?

Point 3

留點謙虛，自我膨脹會讓你方圓十里無朋友

　　一個自信的人擁有比別人更多的精力和幹勁，也能夠在外界充斥的懷疑聲當中堅持自己的路，並相信自己，戰勝難關。但若是一個人莫名地過度自信，表現出來的自信心更是超出本人的實際情況時，這就成為可笑的自大了。

　　誰都喜歡謙虛的人。謙虛是前進和成功的必要條件，也是一個人社交成功的基礎。但是由於對於時下倡導：「對自己要有自信！」的盲目跟從，有些人反而忘記了初衷，盲目地自負，自我膨脹，自以為是，讓身邊的人感到反感，人際關係也只能每況愈下。

　　想贏得週遭人的喜愛，我們都應該給自己一個正確的定位，在自信的基礎上保持謙虛的本質，讓自信發揮應有的魅力。

社交陷阱

　　自信能帶給人能量與動力，使我們充滿魅力，但是如果一個人過分自信到自我膨脹，將會變得狂妄自大。所謂自信產生的魅力此時也將蕩然無存，取而代之的是旁人的厭惡與人際關係的迅速惡化。

　　自我膨脹的表現如：在工作上有點小成績時就開始目中無人，不尊重同事；物質生活上富裕了就看不起別人，或是喜愛干涉別人的生

活方式等。

其實，自我膨脹只是一種感覺自我良好，周遭的人並不一定真的就是這樣子看待你。當你工作上有了更好的成績，處事有了手腕，生活有了更好的品質，那些終究只是你個人的成績，與他人無關。在收穫果實時可以自我鼓勵，但若是自我膨脹就顯得愚蠢了，拿自己的成績作為炫耀的籌碼，往往只會招來別人的輕蔑。

有一個自行創業賣雞排的年輕人油炸手藝出眾，炸出的雞排又脆又多汁，而且臉上總是掛著自信開朗的笑容，每天一到傍晚他的攤子前總是大排長龍。剛開始時，年輕人聽到客人的稱讚總是滿心歡喜，還會以客人提出的建議努力改進，總能滿足顧客的要求。但隨著聽到的讚賞越來越多，生意越來越好，他開始自大起來，待客之道也變差了，覺得只有自己家的東西好吃，平常時，竟開始對給意見的顧客橫眉豎目，對來往的顧客也少了以前的熱情。後來漸漸地大家對年輕人的印象越來越差，來買雞排的人也越來越少，他的生意日漸蕭條，最後只得被迫轉移陣地了。

這故事聽起來很可笑，但是仔細想想，一個人如果過度自信到狂妄，那麼不僅失去了當初吸引人的個人魅力，更會因自大自負而招致他人的背棄。

詭計運用

在人際交往中，不懂謙虛的自大表現將讓你人見人煩。在面對大眾時，你要適當地展露自信，但不要過度自信，更不要盲目自信，同時不要忘記謙虛，這樣子你的魅力才能徹底發揮作用，也才能因自信獲得他人的喜愛。

我們說這類自信過度爆炸的人，往往對身邊的人態度高傲，認為

自己厲害多了，而這種惹人厭的心態對於人際關係毫無幫助。想成為人氣王，你要記得在自信中帶著謙虛，呈現出一個充滿魅力且謙遜有禮的形象。

有這樣的一個小故事：有一次美國前總統柯林頓（Bill Clinton）和夫人希拉蕊（Hillary Clinton）在某個加油站遇到了希拉蕊以前的同學，那位同學在加油站工作。等到兩人的車離開，柯林頓對著希拉蕊說：「如果妳跟那位同學結婚，那麼妳現在就是加油站員工的老婆了。」希拉蕊只是回答：「不，他現在會是美國總統。」希拉蕊的處事能力應是無庸置疑的，但她始終如一的「我能成就一切」的自信就能讓人頗為激賞。

貼心忠告

❗ 1.謙虛不是自卑

謙虛指不自滿，肯接受批評，並虛心向人請教。為人虛心，不誇大自己的能力或價值，但並不代表自己沒有能力和價值。若你幸運獲得成功，那麼要給自己一個準確的定位，要認清自己的位置，在謙虛的同時，也要肯定自己的能力，抱持著這樣的想法才能更能夠認清自己，不會過分自卑或謙讓。

❗ 2.謙虛不是虛偽

謙虛要有限度，過於謙虛容易給人虛偽的感覺。一個為人真誠，做事認真的人，總能獲得大家的好感，而一個虛偽、不真實的人，更難以博得他人的信任，甚至讓人厭惡。所以謙虛也要有個限度，適當地表現你的謙和，才能讓身邊的人更信任你。

守住秘密，就是避免不必要的麻煩

　　無論是把酒言歡的men's talk還是睡衣派對的women's talk，一般來說，這樣的關係都是相當信任對方的，是可以互相分享秘密的朋友等級，代表著真誠與信任，但是若我們將這種相處方式使用在一般的人際交往之中，那麼往往會給自己帶來許多不必要的麻煩。

　　一般來說，隨便向別人透露秘密的這種行為容易讓別人留下不慎重、口風不緊的印象，給人一種「也許這個秘密全世界的人都已經知道了」的感覺，會失去他人對你的信任，更會讓別人在私底下說三道四，懷疑你的人品和目的。在社交當中，若你懂得守住自己及他人的秘密，就是避免不必要的麻煩，為自己的人際關係移開絆腳石。

社交陷阱

　　社交說實在的是一種都會叢林的「生存技巧」，它與經營友誼的定義完全不同。將秘密與好朋友分享能加深彼此間的情感，而將個人的秘密隨意透露給一般來往的人，是一種不負責任的表現，不僅難以獲得對方的信任，反而會因「到處洩密」而失去信用。

　　在社交場合中，學會守住自己的秘密，不輕易透露自己的個人私密，是一種自我保護。這樣的處世方式反倒容易被人所接受，讓別人

覺得你是一個有原則、值得信任的人。

特別是一些剛踏入社會大學的年輕人，也許會希望透過告訴對方自己知道的秘密的方式來拉近彼此間的距離，但殊不知，這樣只是適得其反，反而更難贏得對方的信任。以下故事實際地說明了這樣問題的嚴重性。

亞萱是一個今年剛從大學畢業的女孩，經過一番的面試與努力，終於進入了一家自己喜歡的公司，雖然職位不算高、薪水也不算多，但是亞萱認為：「只要想辦法和公司裡的老員工搞好關係，努力做好自己的工作，那麼升職加薪也都不是問題吧。」

在公司裡，亞萱跟每個人打招呼，與同事、上司交流時也非常真誠，有什麼說什麼。一天上午，亞萱因為本職工作的疏忽遭到了上司的責罵，這讓她很難過，一直到晚上下班，亞萱還沒有吃飯，一個同事看到亞萱悶悶不樂的樣子，關心地問她：「怎麼啦？這麼垂頭喪氣？晚上另一個部門的文婷過生日，一起去吧！」

亞萱心想：「這正是個融入大家的好機會呢！」於是亞萱欣然接受。在生日派對上，因為都是同事，沒有任何上司參加，亞萱顯得很輕鬆，與同事閒聊之中，亞萱將上司批評自己的事情說了出來，大肆抱怨，認為上司的說法太過分，因此還說了一些對上司不恭敬的話，聽到同事們的安慰，亞萱很開心，她以為自己跟同事之間的關係變得更好了，但其實結果並非像亞萱想得那樣簡單。

第二天上班，同事們明顯地都對亞萱產生一種距離感，一副避之唯恐不及的樣子，這讓亞萱心裡很不舒服。後來亞萱與同事間的關係越來越疏遠，以至於影響到了亞萱的職場生活，不得已，最後亞萱主動提出了離職。

只有守住秘密，才不會讓別人有機會傷害你，也才能避免許多不必要的麻煩。

詭計運用

在日常生活中，記得說話要看場合，有分寸。在與人交談的過程中，要守住自己的秘密，經常提醒自己「言多必失」，嚴防「禍從口出」。

甚至，關於他人的私人秘密更不能隨便說出口，避免成為「大家都知道的公開的秘密」。那麼要如何避免此一問題呢？

（1）避免地雷話題

談話的主題可以有很多，例如：工作、學習、興趣、生活等等。在人與人之間的來往，學會聊聊不同的主題也是很重要的。像是選擇一些目前正當紅、眾所皆知的話題來討論，例如歌壇新人劉子千的歌曲「唸你」越被批評越火紅等新聞，也可以適當地發表自己的看法，如此避開敏感的私人話題，就可以避免無意間知道他人秘密，從而摒除無心洩露秘密的事情再度發生。

（2）見人說人話，見鬼說鬼話

由於每個人的地雷區、脾氣好壞、用詞習慣的不同，人們對於話語的理解能力與感受也不同。因此面對各式各樣性格的人，你需要選擇不同話題與其交談，避免狹隘單一的固定主題，這樣就能避免他人將話題轉移到自己身上，從而遠離敏感話題，守住自己的秘密。

（3）不要急，想清楚再說

想要避免「禍從口出」的事再度發生，就要在話脫口而出之前想清楚，要確認自己想說什麼、該說什麼、不該說什麼。很多人心直口快，認為這是件直率的好事，但是卻沒想到自己所說的話會帶來什麼後果，你的心直口快，不代表必須要建立在傷害別人的前提下。因此說話不能不經過大腦，在話說出口之前，要學會好好思考，貼心思

考。三思而後言，對你及週遭的人有好無壞。

貼心忠告

1.偶爾閉上嘴，就傾聽吧

有一句名言：「上帝讓我們長一張嘴巴，兩隻耳朵，就是要讓我們少說多聽。」沒有人喜歡口若懸河的人，更沒有人討厭善於傾聽的人。傾聽不僅能讓自己合理地閉上嘴巴，避免「禍從口出」，也能瞭解對方更多資訊，更快拉近與對方的距離。如果你不知道該說些什麼，那麼不如做個乾脆的傾聽者，少惹自己的是非。

2.拿出自制力

自制力是指一個人控制自己思考情感和舉止行為的能力。人可以按照不同目的，理智地控制自己的感情和行動，透過增強你自己的自制力來封住嘴巴，守住秘密。

要培養自己的自制力，首先你要心裡放的下事情，不要有點小事發生就忍不住在臉上表露無疑，否則你不僅容易洩露自己的秘密，更會給外界留下不專業、好說閒話的不良印象，繼而被身邊的人刻意疏遠。

3.守秘密不等於不說話

守住秘密不代表可以乾脆閉口不說話，你與身邊的人仍然需要透過溝通來拉近關係，千萬不要因為怕不小心說出秘密而陷入閉口不言的誤區。

雖然難以避免必須說話或談天的場合，但你可以選擇一些無關緊要的話題閒聊，轉移他人對自己的注意力，這樣就可以有效避免禍從口出。

Point 5

扮演好你在社交中的每個角色

英國著名詩人威廉‧莎士比亞（William Shakespeare）說：「世界是個大舞臺，世間的男男女女無非演員而已。他們不是粉墨登場就是悄然而去，每個人終其一生可以扮演多種不同的角色」。我們的人生都扮演著不同的角色，例如：一個馳騁商界的成功紳士，除了公司的職位之外，他還扮演著父親、兒子、丈夫、朋友等角色。想要演得活靈活現，你必須要知道不同角色的要求，才能在舞臺上活出精彩，活出價值。更甚者，我們必須知道自己角色的多重性，根據狀況隨機應變，靈活應對，才能獲得最多的掌聲。

社交陷阱

「人生如戲，戲如人生。」其實每個人在社會中都是一個演員，在社會的舞臺上，各自扮演著各自的角色，有著各自的心情。如果對自己的角色認識不深，就會讓你的角色演不到位，那麼必然會對與你有關的人的生活造成很大的影響。

社會角色是指與人們的某種地位、身分一致的權利、義務規範或行為模式，它是人們對具有特定身分的人的行為期望，是構成社會群體或組織的基礎。但並不是每個人都能清楚並扮演好自己的社會角色的，人們在這樣角色扮演的過程中，常常會產生矛盾、失誤、甚至失

敗，這種錯誤很難避免，我們說連女王都不能例外。

有一位女王敲丈夫的房門，丈夫問：「是誰？」，女王回答：「我是女王。」，於是丈夫說：「對不起，這裡不是您的宮殿。」，女王聽到後像是意識到了什麼，立刻改口說：「親愛的，我是你的妻子，請開門吧！」丈夫這才把門打開。

我們說女王意識到了什麼？故事沒有給出明確的答案，但我們卻應該知道：「她意識到自己在角色轉換上犯了錯誤。」

生活中每個人都無一例外地交織在各式各樣的人際關係當中。而作為生存的技巧，若想盡可能與週圍的人和諧相處，就必須注意各種角色的自然轉換。像那位女王，對待臣下，她大可以做她的女王，高傲果斷；但是對待丈夫，特別是私下場合，她還是個妻子。如果私下場合妻子再耍舞台威風，那麼丈夫當然不會買她的帳。

詭計運用

如果能清楚地認知到自己的角色重要程度，那麼不僅能實現自我價值，也能獲得更大的幸福。想要真正扮演好自己的角色，只有先履行自己應盡的義務，才能享受最大限度的回報。

人在社會中生存，就要扮演規範中的社會角色，且負責的角色越多，束縛也就越多。雖然表面上看起來，扮演的角色似乎對我們來說是一種負擔、一種限制，而負責的角色越多，人似乎就活得越累、越不自由。但其實，這些都不盡然。

扮演的社會角色越多，限制越多，生活也就隨之緊繃，這是事實。但是，你要記得，角色對人來說，始終不是消極的，也不是不得已才必須接受的，你要相信人生萬事皆是有價值的。無論哪種角色，都有深刻的意義，扮演一定的角色對於人的生存、發展和享受是必要

的。一般來說，扮演的社會角色越多，反而越有利於人的生存，越有助於人得到幸福。而社會角色是人的社會定位的根據，人的社會定位的表現就是行使權利和義務。

想要完美的舞臺效果，就要先認清自己的角色，並學會角色轉換，以有效地協調人際關係，這樣才能擁有如魚得水般的人際關係。扮演好社交中的角色也是有技巧的，以下方法可供為參考。

（1）看場合說話

角色的扮演一般透過語言表現，想要扮演好自己的角色就要學會在什麼場合說什麼話。說話看場合，場合指的是說話的時間、地點以及特定的交際場景，場合對於交際有直接的制約作用，因此我們要能根據場合決定說話的內容和表達的方式。只有靈活運用語言，才能獲得最好的舞臺效果。

（2）大方開拓人際關係

社會中的人際關係比較複雜，如果你不善於與人交往，不太會與人溝通，難免到頭來想乾脆將自己封閉起來比較輕鬆，如此，不僅對自己所扮演的社會角色沒有益處，甚至還會給自己帶來諸多煩惱與痛苦。

與人的交往是重要的能力。我們生存在一個複雜的社會關係當中，你必須與外界交流，拓展自己的人際關係，藉此提升自己的人脈與競爭力，才能立足於這個社會。因此，敞開心胸，試著多與人來往，這些都有助於將來的你成就任何事。

（3）適應比改變更重要

當在扮演角色時，有時難免因為不適應而顯得生硬，這就需要培養良好的適應能力。

儘管我們的生活瞬息萬變，但是有些時候適應現狀卻比改變現狀更重要。容易融入環境的人在任何時刻，都能以愉快的心情面對現實

中的一切。那麼，該如何才能提高自己的適應能力呢？

◆ 擴充知識

深厚的知識基礎，可以讓你更快抓到工作的訣竅以及適應變化快速的社會環境。

◆ 提高實行力

將知識能量轉化為實際的達成力，讓你即便面對難以達成的狀況時也有心理準備及知道如何去應對它。

◆ 接觸新環境

多擴充自己的眼界，多增加自己的經驗（無論是好的壞的），都有助於增強承受能力，還能幫助提高自己的適應力。

貼心忠告

1.演好角色的秘訣是入戲

扮演好自己的角色是為了贏得更好的人際關係，而不是只是為了演而演。想要不愧對自己的角色，你必須在清楚自己角色的同時還要投入自己的真感情。例如：對孩子你要真心疼愛，不隨意敷衍；對朋友你要真心誠意而非為了利用；對工作你要更有責任感等。當你真正投入自己的感情時才能演得自然、真實。將自己放入到角色裡去，你才能真正體會到這個角色對你來說有多麼地重要，從而承擔起自己的社會責任和義務，獲得週遭人的真心對待。

2.別遺忘真實自我

我們扮演著不同角色，就像是戴著不同的面具上場。同時，請不要忘

記最重要的事——請不要忽略了面具之下的真實臉孔。如果你做什麼，像什麼，演什麼，像什麼，那很好。但若忽略了真實的自我，那將仍是最可悲的一齣戲。

　　人生就是一個舞臺，如果說舞台上是你扮演的各種社交角色，那麼後台就該是你真實自我的舞台。一個人若能將舞台前的角色扮演得精彩絕倫、無愧於己，就能聽見觀眾的連聲叫好，獲得台下的無數掌聲，那麼你就能感受到自己活得如此坦然、瀟灑、有價值，因為你帶給了你週遭的人快樂與幸福，即便多麼辛苦也都值得了。

　　但是當下戲了，當你在後台時，你就應該摘下面具，跟自己相處，留點時間與自己對話、留些特別的時間為自己而活，只有保持臺上臺下平衡的人生戲碼，那才是你最完整的、最周到的演出。

Point 6

自制力讓你更有魅力

　　自制力是一種控制自我感情和行為動作的能力。自制力是一個人成功的本質，如果一個人沒有自制力，不能夠抗拒誘惑，那麼在完成目標時就容易出現失控且成為最終導致失敗的原因。當現在越來越多的人想要放逐自我，追求自由，展現獨特性時，自制力同時也會逐漸崩壞。造成世人為了滿足一己之私而不斷地放任自己，特別是在面對兩難時，有些人會為了滿足自己，更難以容忍別人的錯誤或是誤解，因此隨時都容易爆發出情緒，使得事態更加難以收拾。

社交陷阱

　　當一個人不能容忍別人的錯誤，不能抵擋外界的誘惑時，面對欲望橫流，面對矛盾不懂得自我控制，這些都只會讓他變得歇斯底里，失去做人的最終底線和基本原則，從而成為別人眼中厭惡的對象。更甚者，自制力更可影響身處團體的生死存亡，一顆老鼠屎可以壞了一鍋粥。

　　一個缺少自制力的人就像是一部沒有煞車的汽車，沒有煞車的車子在行進的過程中會出現失控、蛇行，甚至翻車等事故。自制力同樣有著危及生命的意義，在面對誘惑時，如果一個人沒有自制力就可能失控，為了滿足欲望而捨棄原則，最終失敗。例如：你想要認真唸

書，但是你拒絕不了床上棉被溫暖的誘惑，那麼你是不是就會放棄唸書，先睡一下？又如：你正在減肥，但是你抗拒不了美食的誘惑，那麼你的減肥目標只能從每一個「明天再開始減吧」的自我對話中終結，再如：你正在戒煙，正當你極力忍受戒煙的痛苦時，一個不知情的朋友遞給你一支「dunhill」你沒有抗拒誘惑，伸手接過，那麼下次你還戒得成嗎？就這麼簡單，缺少自制力，你什麼都無法完成。

缺少自制力還有另一個結果，就是「放任墮落」。人一旦突破心防開始放任自己，就會徹底放縱情感，讓自己逐步走向墮落地獄而變得無可救藥，更說不上有回頭的機會。

詭計運用

在社會中，你並不是滿足了自己的欲望就夠了，想贏得人心，就要適當地給予他人滿足欲望的機會。在合作時多一份謙讓，在對立時多些讓步，面對誘惑，要學會克制、抵制；面對欲望，要學會壓制。學會堅持，培養強大的自制力，讓自律成為一種習慣，才能讓自己逐漸突破出自己所設的窠臼。

克制自己從不是一件簡單的事，因為我們心中總會出現理性和感性的戰爭，這很正常，因為我們是具有感情的生物，不是機器。但是為了你自己，為了你的目標，你一定要有強大的自制力。有道是：「衝動是魔鬼」，我們該如何才能控制自己內心的欲望呢？不妨從以下幾個方面試試：

（1）你的目標就是緊箍咒

目標就是你的夢想，更是行動的指南。一個擁有目標的人，絕對比別人更容易成功。在制定大目標的同時，制定多個簡單易行的小目標，完成小目標後進而完成大目標，這樣更有步驟，也能讓自己少受

外在干擾，有助於自制力的養成。

（2）把自律養成習慣

日常生活中，經常提醒自己自律，有意識地強迫自己。例如，針對自己個性上的某一缺點或不良習慣，限定一個期限，強迫自己改正過來，對自己嚴格一點，久而久之，當自律成為一種習慣，那麼你就能夠不輕易地被外界誘惑。

（3）擋不住誘惑時，先看清事實

誘惑是亙古存在於世界的一種強大的敵人，你會為之瘋狂而不能自已，不同的人在面對誘惑時有不同的反應。想要加強自制力，就要先擋得住誘惑，而能夠讓你拒絕誘惑的關鍵就是先冷靜下來看清現實。

先思考這誘惑的背後，有什麼你將承受的苦難，甜美的果實是否是巫婆送的紅蘋果？如真的判斷不出這是誘惑還是真實之時，你該先遠離誘惑。因此在日常生活中，你該不斷充實自己到能提出客觀看法的程度，使自己經常保持清醒，認清現實，在你成功拒絕誘惑的同時，你也能真實感受到自己已經level up。

貼心忠告

❗ 1.自制不是壓抑

自制是用道德規範、紀律以及過往中的種種教訓來進行自我提醒、自我管理的一種能力。每當不良情感或欲望瘋狂膨脹的時候，你的腦海裡就該立刻浮現出各種教訓的可怕後果，讓你實現自我控制。因此，這種約束力是個人自制的一個重要能力。

而壓抑則是一種較為普遍的社會心理，即便大家都如此，這仍然不能否認是一件病態的心理。在個人受挫後，不是將受創的想法、情感釋放出去，而是將這種負面念頭壓抑在心上，不願承認，否認煩惱的存在——這絕對不是一件對的事。壓抑自我雖然能暫時減輕焦慮，但並不能完全使情緒消失，而是成為一種潛意識，而這種潛意識會使人的心態和行為變得消極且古怪。

自制不是壓抑，兩者有著本質上的區別，在加強自制力時，這必須特別注意。

❗ 2.自制不是苛求自己

所謂「水至清而無魚，人至察則無徒。」現實生活中，對人、對事、對自己都不宜過於苛求，否則只會如置身於水深火熱之中，即便達到目標也不快樂。自制是透過適當地約束自己行為，達到既定的目標，從而獲得更大的成功，但是過於苛求自己，簡單一點說，只會讓生活變得更痛苦。

我們越是對成功苛求越多，失敗時，痛苦也就越深，這也是心理學中所說的智慧越高，對苦悶的體驗也就越敏感的緣故。

萬事皆有度，自制是一種理性、帶有主觀意識的自我約束，而一味的苛求則是一種自我束縛。自制從不是苛求自己，分清這點才不至於讓自己落入不知為何的痛苦漩渦之中。

❗ 3.不要沒有原則就讓步

自制是約束自己的行為，而不是沒有原則地讓步。人要會看場合、看人、看事物讓步沒錯，但是記得要在固守原則的基礎上讓步。如果沒有自己的原則，一而再，再而三地退步，那就是一種軟弱。自制能夠一步步地向目標邁進，而軟弱的個性則會將你拖離目標原來越遠，兩者相距甚遠，請特別注意。

INTERPERSONAL MIND TRICKS THAT EVERYONE KNOWS BUT YOU

LESSON
3

世事皆學問

社交中的心理詭計

Point 1
你覺得別人都是傻子嗎？這樣想的你才是傻子

在社會上，聰明人總是更受歡迎。但是有的人卻把聰明用錯了地方，老愛耍些小把戲，欺騙或愚弄身邊的人，以為自己的手法多高明，神不知鬼不覺，事情也處理得天衣無縫，對方毫不知情，把別人當成傻子，殊不知這樣想的自己才是真正的傻子。

其實一般正常人之間的智商其實都相差無幾，每個人都有潛力成為福爾摩斯，但若只是耍小聰明，這只會讓別人留下愚蠢的印象。記住，千萬不要當這樣的傻子。

社交陷阱

不要以為自己動動歪腦筋就能愚弄別人，一般小伎倆對方都能察覺。善於耍小聰明的人在背後得意時，也許別人也在背後指著他，告訴身邊的人遠離這個人。這既無法建立良好的個人形象，反而讓自己穿上了虛偽的外衣，讓身邊的人逐漸遠離，導致人際關係惡化。

把自己看得太聰明的人往往被生活嘲弄。總想藉著小聰明佔據上風的人，吃虧的反而是自己。有這麼一則笑話：

一個城市人和一個鄉下人一起坐火車。城市人欺負鄉下人，想耍個小伎倆占他便宜。於是城市人說：「我們來猜謎語，互相出一個謎

題給對方猜。誰猜不到，就給對方一塊錢，如何？」鄉下人想了一會兒，回答：「不，你們城市人比我們鄉下人聰明，這樣猜，我肯定吃虧，還是讓我少吃一點虧吧。如果你猜不到就輸我一塊錢；我猜不到就給你五毛錢，怎麼樣？」城市人自恃聰明，認定不會輸就欣然答應了。於是鄉下人先出題：「什麼東西是三條腿在天上飛的？」城市人左想右想也想不出答案，只好掏出一塊錢給鄉下人，接著問：「可以三條腿在天上飛的，到底是什麼東西？」鄉下人笑著說：「你的問題我也不知道，來，給你五毛錢。」

聰明的人受歡迎，但是耍小聰明的人卻讓人不想接近。廉價的聰明並不是真正的智慧，不要因為一次小歪腦筋而賠上一輩子的好印象，那可就得不償失了。

詭計運用

> 人生需要的是「大智慧」，絕非「小聰明」。大智若愚，不要過於追求一時的外在得失，要明白做人的根本在哪裡，做個謙虛低調且博學的人，才能贏得他人的尊重和崇拜。

國外有一則寓言故事：太平洋上有些荒僻的群島，住著三隻眼的獸人。有個人想，如果將三隻眼的獸人抓住，然後帶到世界各地去展覽，不就能賺到一筆大生意嗎？於是他特地訂做了一個大鐵籠，換上打獵裝扮，駕著帆船前往島上。但他沒想到，島上三隻眼的獸人從沒有看過兩隻眼的「怪物」，於是群起捕之，他因寡不敵眾，反而被三隻眼獸人抓住並關進他自己帶來的籠子裡，運到各獸人島上展覽。

看了這個寓言，我們不禁要問：「這到底是誰聰明，又是誰傻呢？」世間事總是如此荒謬可笑。一開始是看來有文明的「聰明人」想要捕捉未開化的「愚蠢人」，但到了後來，落入對方手中的反倒是

「聰明人」。你該尋求的是人生大智慧，而不是無知小聰明，這才是為人處世之道。要記住每個人都是有想法、會思考的，小技巧、小聰明不可能瞞過所有人的眼睛。放低姿態，展露真實的無畏才是真正的聰明人。

貼心忠告

⚠ 1.提高你的LEVEL

一般來說，「智慧」和「學習」是完全互通的。在日常生活中，你要學會從每一個細節，每一個人身上看到新事物，學會用感恩的心看待一切。還要懂得利用身邊的資源，把握機會去學習，開闊眼界。你只有懂得更多，看事情的體會才能更深。不斷提高自己的LEVEL，累積足夠的淵博知識，擁有足夠的個人資本，你才能從中擁有真正的智慧。

⚠ 2.裝傻就是小聰明

這裡的「裝傻」不是真傻，是一種更高級的智慧展現，是精明的另一種表現形式，是適應複雜社會、解決矛盾場景的一種巧妙方法。

在很多社交場合，多數人都不愛給人一種傻勁的感覺，因此總是不肯放過每一個可以透露自己聰明的機會，碰到狀況時喜歡先以個人標準來判斷是非對錯，但卻反而吃力不討好，原因就是他們不懂得「偶爾裝傻」的道理。

我們經常會遇到一時難以處理、難以解決的衝突和問題，這時可以藉助「裝傻」，有意識地拖延時間，緩和矛盾、化解衝突，以便利用時間解決問題。有些事裝裝糊塗反而能給自己減少很多壓力和麻煩，是一種智慧

且實用的處事之道。

⚠ 3.不要謙虛過了頭讓人覺得鄉愿

　　我們常看到周遭有一類人經常會擺出很謙虛的樣子，謙虛本沒有錯，但是他們謙虛過了頭，就會給人一種做作和鄉愿（外貌忠厚老實，討人喜歡，實際上卻不能明辨是非）的感覺。例如：在參加聚餐時大夥兒聊天，他們常先開啟話題，對一些自己其實表現良好的事物進行自我否定，目的是想透過這種方式得到他人的肯定與安慰，這樣的做法一次兩次可以表現出謙虛，但若經常如此難免讓人產生厭惡。

　　有時過度的謙虛就等於反向的驕傲，做人做事適當的謙虛可以給人一種平易近人的親切感，但如果做的太超過，讓謙虛變了質，那些偽裝的親切與想從他人身上取暖的舉動也會讓人想從此遠離。

Point 2 太刻意顯露出精明，等於提醒別人設防你

　　為人處世充滿了智慧，這些智慧都值得我們一輩子研究與進一步實行。例如人們對強者的毀滅往往會幸災樂禍，相反地對於弱者會有一種理所當然的同情。所以，這就要求我們學會以柔克剛，不要過分顯露自己的精明，做人做事也不要過於高調，能夠韜光養晦，那是最好。

　　做人不能太傻太天真，應懂得適度地偽裝自己，凡事要有「小心機」。但反觀古典小說《紅樓夢》裡的王熙鳳，她做人可說非常精明，仗著自家的背景和賈母的寵愛，欺上瞞下，機關算盡，但最終卻落個鬱鬱而死的結局。可見，精明可以，但是不要過分展露自己的精明。太高調很容易遭到他人的非議和敵視，也會加深他人心中的警戒，阻礙你的人際關係，這些都是我們經常聽到的下場。

社交陷阱

　　人們普遍都有一種心理，對比自己強大或與自己勢均力敵的人都會帶有警戒；對於比自己弱的對手則會放鬆警戒。因此若你總是太露骨的展現自我優勢，很難不遭人厭惡。當你暴露出來的「精明」容易將純樸簡單的關係因你的人為而使之複雜，這只會讓人覺得你刁鑽奸詐，從而對你敬而遠之。這樣「精明」的結果，就是讓你成為孤家寡人。

在人際交往中極力顯示自己的精明將讓人不敢接近。太精明的人，會使人心生恐懼，而世人對於這樣的人將處處設防，不會真心來往。而太過暴露自己的精明往往引火焚身，古人中經常有這樣的「案例」，例如三國時代的楊修，可謂絕頂聰明，他幾次的表現讓他的聰明才智大大顯露出來，結果引起了曹操的戒心，最終曹操出於防備將楊修除掉了。其實有時在需要的時候，做到「暗著聰明，明著糊塗」才更能體現出你的大智慧。

想要處理好人際關係，就要善於掩飾自己的才智。如果一個人不懂得適當地掩飾自己，那麼即使能力再強，智商再高也難以戰勝對手，甚至還會招來殺身之禍。

《孟子・盡心下》記載了這樣一個故事：盆成括曾經向孟子求學，離開後他到齊國當官。孟子在聽說這件事後說：「盆成括這個人活不久了。」果然，不久之後盆成括真的就被殺了，孟子的學生問孟子原因，孟子說：「盆成括這個人做事喜歡顯露小聰明，不懂得仁義寬厚、謙順容忍之道，總是鋒芒畢露，這怎能不招來殺身之禍？」

詭計運用

低調處事既能有效地保護自我，又能充分發揮自己的才能，不致於招人妒忌，也可以減少對方的戒心。在人際交往中適當地展露自我，向別人示弱讓別人看到你的缺點，反而能增強你的親和力，這樣既可以讓別人放心，也可以消除對方的敵意，更能贏得認可和友好，優化人際關係。

我們都會不自覺地同情弱者，完美的人、作事強硬的人則會增強他人心中的警戒。所以在與他人交往中要學會低調行事，這不僅可以自我保護，也可以使自己的才華得到充分的發揮。一個聰明的人應該

保持謙恭有禮的態度，處事要穩重內斂，這樣才是「真正精明」的本質。

真正聰明的人，無論是對於自己的優點還是缺點，都不會發揮到「極致」，人們常說盛極則衰，其實就是這個道理。適當地掩飾自己才是最佳答案，我們說「內在聰明，外在糊塗」的人才是真正的智者。

貼心忠告

⚠ 1.示弱是一種智慧

示弱是一種覺醒，也是一種智慧。示弱不是妥協，而是一種理智的忍讓。在人際交往中要使別人對你放鬆警戒，營造出一種親切的氛圍時，只要在交往中暴露出一些無關痛癢的缺點，就可以使人在與你來往時鬆一口氣，不以你為敵。示弱也可以引發人們的同情心，使你達到目的。

霍爾莫是波斯帝國的一位年輕太子。在阿拉伯帝國的倭馬亞王遠征波斯時，霍爾莫在戰中被俘。

軍士們把他押解到倭馬亞王面前，國王下令立即斬首。這時，太子霍爾莫請求說：「噢，主宰一切的陛下，我現在口渴難受，讓你的俘虜喝足了水，再處死也不遲啊。」

倭馬亞王點點頭，示意左右給太子端過一碗水。太子接過這碗水，剛送到嘴邊，竟不敢喝下去，用驚恐的眼神環顧四周。

「你怎麼不喝呀？」一個阿拉伯士兵粗暴的喝斥他說。

「我曾有所耳聞，」太子發抖的說，「你們這些人非常兇殘且不懂天理，所以我擔心，當我正品味這碗沁人心脾的清水時，會有人舉刀殺死我

的。」

「放心吧，」倭馬亞王一副寬宏大度的模樣説，「誰也不可能動你的。」

「既然無人傷害我，」太子請求國王説，「陛下總該有個保證啊。」

「我以真主的名義發誓，」倭馬亞王莊重的説道，「在你沒喝下這碗水之前，沒人敢傷害你。」

語畢，太子霍爾莫毫不遲疑的將這碗水潑到地上。

「狂妄，將他推出斬首！」倭馬亞王厲聲喝道。

太子霍爾莫平心靜氣地問國王：「陛下，剛才您莊嚴的向真主發過誓，不是要保證我不受到傷害嗎？」

「我只是保證，在你沒喝那碗水之前，誰也不會傷害你的。」倭馬亞王解釋説。

「陛下所言甚是，」太子説道，「可我並沒喝下這碗水，並且也喝不到這碗水了，因為它已滋潤了您的土地。此刻，陛下理當履行君王的誓言。」

倭馬亞王這時恍然大悟，只好釋放了太子霍爾莫。

太子在強大的倭馬亞王面前展現出了弱小，博得了倭馬亞王的同情，以致最後才能抓到機會以弱克強，拯救了自己的生命。這清楚地説明了示弱的智慧。

❗ 2.避免無意義的爭論

人與人之間存在著各種差異性，出現爭執也是在所難免。精明的人懂得求同存異，小矛盾先吞下一口氣，不過分與人爭執，這樣不但容易獲得別人的好感，而且一些難辦的事往往因此而「柳暗花明又一村」。

如果總愛為一點小事反駁，總是與別人做無意義的爭論，也許會獲勝，但那只是空洞的勝利，因為你永遠得不到對方的好感，最後自己還忍

了一肚子的氣，這樣不理智的事是毫無意義的。

3.自嘲讓你更有親和力

在人際關係裡，如果能適時地自嘲，自虧自己一下，就可以簡單改善社交氣氛，增加你的親和力。在遇到難堪的場面時，如果能夠沉著面對，適當運用自嘲，化被動為主動，就能出人意料地展示你的自信，在迅速擺脫窘境的同時也能讓你的交際魅力得到徹底的展現。

4.當個小傻子讓你更受歡迎

裝點小糊塗，不是真糊塗，反而是真智慧，是聰明的最高境界。糊塗一點，不是對人間世事不聞不問、麻木不仁，而是大智若愚、寬容大度。

在與人交往之中糊塗一點，藏巧於拙。遇事能夠風趣地繞開焦點話題，用幽默的糊塗巧妙地避開，由聰明轉糊塗，由糊塗轉聰明，這樣才能夠左右逢源，不為煩惱所擾，不為人事所累，遠離刀光劍影，不成敵人箭靶。因此，裝點小糊塗會讓你更受歡迎，也能讓你擁有更安全的人際關係。

取信一個人的秘訣：少說話，做給他看

　　少說空話，多做實事，這是一個大家都知道的道理。一個人如果只靠一張嘴，往往很難令人信服。不能實現的話即便是說的再好聽也無濟於事，再華麗的包裝也都會因為是虛假的而被人看穿。

　　一家企業對來面試的兩個人進行了考試，這兩個人各有長處。偉哲能說會道，用許多讚美的話來介紹自己；而文聖則沒有那麼好的口才，但是他卻肯努力地做好每一件事，說到做到。公司老總在對兩人進行面試時採用了比較實際的面試方法：給兩人一天的時間進入公司實習。

　　偉哲在公司所給的實習時間內，因為能說會道而把周遭的同事哄得十分開心，贏得了大多數同事的好感，但是他的工作卻絲毫沒有成績。而努力做事的文聖，雖然沒有那麼多話，但是一天的實習時間，他不僅完成了老總交辦給他的任務，而且還幫其他同事做了力所能及的工作，這更為他的實習成績加分不少。最後公司老總在考察時，同事們一致表示：「雖然偉哲善於鼓動工作氣氛，但是對於工作來說，努力做事的文聖才是大家更需要的。」最後，文聖通過了面試，正式進入了公司。

　　從這裡不難看出：只有踏實肯做的人才能得到他人肯定。要獲得他人的信任，說空話不能為你帶來任何實質性的好處，只有多做給他看，少說空話，多做實事的人，才能腳踏實地，說到做到，順利地完

成每一件事，才能贏得他人的認可和信任。

口才在現代社會顯得尤其重要，但是沒有行動的話，再美的承諾也顯得死氣沉沉。在人際交往中，說得多，做得少，只會給人一種虛假、投機取巧的感覺，只說不做的人不會得到別人的好感，只會讓別人懶得理他。

在生活中經常會有這樣一種人，他們誇誇其談，經常引經據典，妙語連珠；他們氣勢逼人，給人一種震懾的壓力；他們交友無數，時常在各種場合認出自己的新舊朋友，寒暄良久；在對於別人交給他們去做的任務時，他們也會信誓旦旦，拍胸，下保證，但是轉眼間他們就會將剛才的承諾忘得一乾二淨。

這樣的人彷彿無所不能，無能不精，無所不在，但實際上他們卻是無所事事，除了嘴皮上有點功夫之外，不能給人任何好處。這樣的人很難被信任，因為別人在他們那裡很難得到什麼實際的東西，也無法獲得任何保障。這種人在最後除了充當生活中的娛樂節目外，很難獲得真正的情誼。

詭計運用

行動比言語更具說服力。在人際交往中，不僅要會說，更要付諸行動，這樣才能使你的語言更具說服力。少說多做讓你所作所為更加可信，也更容易贏得他人的信賴。

人際交往中說話固然重要，但最終取信於人的還是行動。光說不練，即使你說的再動聽，也只能在表面上獲得他人的好感，而不能獲

得真正的信任。莊子借糧的故事，就很簡單地說明這點。

莊子在窮到用不到鍋子的地步下來到監管河道的官吏家借糧食。

監河侯見莊子登門求助，爽快地答應借糧。莊子聽了，也心花怒放。但對方接下來的話卻讓莊子轉喜為怒，氣得臉都綠了。

監河侯是這樣說的：「可以啊，等我收到租稅之後，馬上先借你三百兩銀子。」

莊子聽完平靜地對監河侯說：「我昨天趕路到您家的時候，半路上突然聽到求救聲。環顧四周不見人影，再仔細一看，原來是在乾涸的車痕裡躺著一條鯽魚，它看到我就像碰見救星般向我求救。鯽魚說牠原本住東海，被捕後不幸掉落在這裡，為求活命，請求路人給點水，救救牠的性命。」

監河侯聽了莊子的話後，問他是否給了水救助鯽魚。

莊子白了監河侯一眼後，冷冷地說：「我說當然可以啊，等我到南方勸說吳王和越王，請他們把西江的水引到你這兒來，到時就把你接回東海老家去吧！」

監河侯聽傻了眼，覺得莊子的說法十分荒唐：「那怎麼行呢？」

「那鯽魚聽了，氣得睜大了眼，說現在正斷了水，沒有安身之處，而牠只需要幾桶水就能解困，而你說的引水全是空口大話，不用等你把水引來，我早成了魚乾啦！」

遠水解不了近渴。這篇寓言諷刺了那些說大話，講空話，不解決實際問題的人。少說空話，多做實事，才能讓別人更信任你，也更願意與你來往。

貼心忠告

! 1.做有價值的行動

　　少說多做可以取信他人，但是做法也是有區別的。有技巧地做不僅可以做出成績，更能為自己節省精力；而不分方法、不看狀況、盲目地埋頭苦做，自己累不說，往往也很難贏得他人的認可，我們說這樣的行動是沒有價值的。要記住：想要贏取他人信任，做事要有技巧，有方法，有選擇，這樣才不會讓你的行動和努力付諸東流，達到贏得人心的目的。

! 2.好口才是行動的推手

　　想要贏得他人的信任，要少說所做，但並不是只做不說，好口才是你行動的推手。在行動時，如果運用適當的言語表達，能為你的行動錦上添花。如在別人需要幫忙時，除了給他實際的幫助外，再加上一些言語上的安慰，那麼你的幫助將更能打動對方的心，贏得他人的信任。

! 3.只有真誠贏得了信任

　　真誠是人際交往中最基本的原則，以誠相待，對方自然信任你，也願意真誠回應你。坦誠相待，能從心底感動他人才是獲得他人信任的關鍵所在，學會真誠，讓你更具魅力，也能讓你打造出更加完美的人際關係。

想摸清楚別人底細？先適當地自我暴露吧

　　生活中，多數人都穿著「防護衣」，他們習慣把自己包覆得滴水不露，這使別人看不到他們真正的內心、個性和興趣。無論別人如何敲打他們的心門，他們仍舊是把心門關閉得相當牢靠，使人們難以接近。他們如此的做法可能只是出於自我保護，但是殊不知在這樣的自我保護下其實真正失去的更多。

　　還有一些人，他們有很強的社交能力，總能饒富興趣地跟別人談論國際時事、體育新聞、八卦花邊等，但卻從來不表明自己的態度或想法，這樣的社交方式是即使雙方交流多次也難以拉近彼此間的距離的。要處理好人際關係，首先要先讓人接納你，而要讓人接納你，首先就要讓人瞭解你。

社交陷阱

　　老話一句：「害人之心不可有，防人之心不可無。」如果緊閉心門，就讓人感覺難以接近；將自己隱藏得太深，只會讓人覺得難相處，久而久之你會因為缺少共同話題而與他人形同陌路，最後只能落得自己成為一座孤島。

　　現代人習慣躲在充滿安全感的牆後，不願暴露自己真實的心態或是真正的性格。這樣的結果雖說可以徹底保護自己不受傷害，但是也

會使人際關係的運行變得困難重重，甚至對工作、生活產生不良的影響。

　　智傑是一名企業經理人，這陣子因為工作較忙就請了一位助手。但是這個剛畢業的年輕女孩卻讓他覺得難以配合，不得已他只能辭退了這個女孩，又請了一名新的助手。

　　當別人問及他辭退女孩的理由時，他給了這樣的評價：「太保守、太謹慎、太孤僻。」原來，這個女孩平時為人十分謹慎，她似乎有意要把自己隱藏起來，不讓自己被他人瞭解，而別人也很難從這個女孩身上獲得有用的資訊。

　　她從來不跟別人討論自己的興趣、愛好以及其他生活瑣事。同事們上下班都是有說有笑，就只有她獨來獨往。某天這個女孩中午吃飯回來，同事隨口問她：「今天和誰一起共進午餐呀？」本來只是隨口問的一句話，但這個女孩卻一本正經地回答：「和別人！」這樣的回答其實等於沒回答。但大家都知道，實際上就等同於「我不想回答」或是「我沒必要告訴你」。

　　有時候，部門的同事們一起在茶水間聊一些八卦新聞、花邊新聞，談到某個明星變老了、穿衣服沒品味、耍大牌的時候，她總是在一旁安靜地聽著。當有人問到她的看法的時候，她也總是含糊其辭：「其實每個人都有自己的個性，沒有什麼對與錯。」

　　慢慢地，同事們都覺得跟她沒有共同話題，最後她像是自己把自己給孤立起來了。

　　鑑於女孩以這樣的態度與同事的相處不甚理想，智傑不得不辭退了女孩，這個女孩也因此失去了工作。

詭計運用

你良好的人際關係是在與他人不斷瞭解的基礎上建立起來的。在人際交往中適當地向人說出心裡話，坦率地展現自己，真誠地表露自己的性格，可以拉近雙方的心理距離，增加彼此間的踏實和信任感，讓你與他人之間的交流更加有深度。

人與人的交往證明，在人際交往中先敞開心扉，先適當暴露自己意願的人，更容易得到他人的信任與尊重。在一般情況下，人們都喜歡與勇於說實話，敢於表露自己心情的人接近。有膽量實話實說的人有著自信的心態和光明磊落的行事作風，只有與這樣的人進行來往的時候，人們才願意向他傾訴心事，進而加深彼此的交情。

但是記住，自我暴露並不是將所有的隱私全都說給別人聽，也有一定的限度，一般來說，自我暴露可以分為以下幾個等級：

◆ 個人的飲食習慣、愛好等興趣方面的個人資訊。

◆ 個人的生活態度以及對時事的一些看法。

◆ 自我評價以及日常人際關係的狀況。

◆ 個人隱私，私密性較強的個人資訊，如不切實際的想法或不願讓人知道的往事等。

在適當的範圍內自我暴露的確能夠拉近雙方的心理距離，但是也要注意，在他人面前的自我暴露都是有差別待遇的，即使是在非常親密的人面前也不能完全暴露自己。

貼心忠告

❗ 1.自我暴露不是喋喋不休

自我暴露並不是說越多越好，如果過度地暴露自己，也會帶來不好的影響。試想一下，如果有個人總是喋喋不休地在別人面前說一些自己的隱私，而絲毫不關心對方是否感興趣，這樣的人能否讓人有想要繼續來往的念頭呢？我想答案一定是否定的。這樣的人給人一種「以自我為中心」、「全世界都繞著他轉」的印象，當然不會受到他人歡迎，甚至會讓人們不願與他更多接觸。

❗ 2.適當暴露，但不要急躁

自我暴露時不要過於急躁，要自然地，緩慢地進行，使對方都不感到驚訝。如果過早地涉及太多個人隱私，反而會引起對方強烈的排斥與質疑情緒，甚至做出自衛反應。當你在他人面前大談特談自己隱私的時候，也會給對方帶來壓力，他內心說不定就正想著：「我是否也要把自己的隱私拿出來跟他交換呢？」這樣的交流方式會帶給人壓力，所以在交流過程中要遵循著循序漸進的原則，不急不躁才能贏得對的、更好的人際關係。

❗ 3.心甘情願，不強求回報

自我暴露是建立在心甘情願的基礎上的，當你自願暴露了一些私人資訊之後，不要強求對方也要跟你有一樣的付出。每個人都有不願讓別人知道的事情，如果你以自己暴露了一些隱私為由，也要求別人向你敞開心扉，那就可能引發對方的排斥情緒，降低對方對你的接納程度，最終劣化你的人際關係。

讚美、諂媚大不同，沒有人不愛被讚美

　　要建立良好的人際關係，適當地讚美不可少。誰都希望得到別人的讚美和賞識。讚美是一種說話的藝術，正確運用這門藝術，會使被讚美者心情愉快，而讚美者也會從中感到快樂與幸福。

　　但是讚美時必須要分清楚：讚美有別於奉承，它們是有本質上的區別的。讚美應該是真誠、熱情的，是出自於真實的感覺，絕不摻雜任何不良的居心。同時，讚美是對別人優點和長處的充分肯定，是給對方精神上的激勵和鼓舞。相反，奉承他人則是寧肯犧牲自己的尊嚴來恭維對方，是出於某種不可告人的意圖，是趨炎附勢，巴結、討好權威的刻意表現。

　　人們對於讚美和奉承的態度也是不一樣的，當你對人真心讚美時，人們會很愉快地接受，並很樂意與你來往，但是如果你說的太離譜，就會讓人覺得虛偽，不會放在心上。

社交陷阱

　　想使周遭的人快樂，你該考慮的是別人而不是自己，有目的奉承則剛好相反，處處計較的其實是個人的得失。讚美可以使別人快樂，得到的是人們的喜愛，但阿諛奉承只會引起他人的反感，甚至反胃。

讚美可以讓你迅速獲得他人的好感，並使自己的人際關係獲得改善。在某些情況下，這種方法是與朋友增進友誼的有效途徑，但如果是出於某種目的而對別人進行討好的話就恰恰相反了。

小甄在剛進入公司的時候，經常聽到小環對他人讚美。小環為人熱情開朗，而且平時絲毫不吝嗇自己的讚美之辭，看到別人的優點或長處都對其大力肯定，十分討人喜歡。這讓小甄十分羨慕，也想學習小環的做法，但是她始終不得其要領，在對他人進行讚美時經常誇大其詞，大事特讚美、小事大讚美、沒事也要讚美一下。小甄這種言過其實的讚美反而讓同事們很難接受，有時甚至覺得是不是在諷刺。沒想到小甄不但沒有獲得像小環那樣的好人緣，反而讓自己的職場生活變得步步艱辛。

小甄想要獲得同事的好感，想要在職場上擁有一個良好的人際關係這沒有錯，但是過於誇張地讚美同事，就會讓同事覺得虛偽，也不容易接受她的稱讚，未來這樣的結果也就可想而知了。

詭計運用

讚美應該是發自內心的真誠讚美，是自然而然的善意行為，不是需要你的絞盡腦汁、處心積慮，也不需要你多加小心、假意周旋。只要讓人感到真實誠懇，像自然的風吹拂在水面上一樣，製造輕鬆愉快的氣氛，目的也就達到了。

那麼該如何對他人讚美，而避免過度奉承的嫌疑呢？以下一些技巧告訴你其中的重點。

（1）讚美＝真誠

真誠的讚美才能被相信、被接受並帶來快樂。在你讚美別人時，要用流暢的話語來表達出你的讚美之情，而且要用適當的用詞來表

達。吞吞吐吐、閃爍其詞，會讓人覺得你不夠真心，而太超過的用詞又會讓人誤解你是不是另有所圖，使得你的讚美失去了最初的好意。每個人都喜歡真心誠意，因為它是人際交往中最重要的原則。真實誠懇的讚美別人，才能得到你想要的效果，同時也避免無端奉承的嫌疑。

（2）看場合讚美

讚美需要隨機行事、適可而止。如果當著眾人的面特別地讚美某一個人，儘管是好意，但有時反而弄得大家不開心。就像你當眾特意讚美一位小姐：「您今天是最漂亮的。」那麼在場的其他女性聽到之後就會反射性地想：「那難道我就是醜八怪嗎？」，這樣也會為你的人際關係帶來危機。

（3）讚美因人而異

人的素質有高低之分，年齡有長幼之別，因人而異、有個性、極具特色的讚美比一般的讚美更能收到效果。例如對方是位豐滿的女士，你可以讚美她的氣質。又如讚美老年人時可以用到老當益壯、看不出年紀或童心未泯等詞語，這些都會讓你的讚美更有力量。因人而異可以讓你的讚美更有真實性，從而避免拍馬屁的嫌疑。

（4）想讚美時，再讚美

讚美是發自內心的對另一個人的認可和欽佩，如果你不認同對方，認為對方不值得讚美，就不必特意絞盡腦汁去讚美，虛偽的讚美會讓你自己掉入無法脫困的窘境，對方更會覺得你是在嘲諷而不是讚美。

貼心忠告

⚠ 1.不要讓讚美成為諷刺毒藥

不恰當的讚美像是一種諷刺。在對他人讚美時要有根有據，不要憑空捏造、無理無據，這樣的讚美之詞在人聽來，不但不會心情愉快，反而會覺得諷刺。例如用漂亮，有氣質來讚美一個長相普通、氣質一般的公司女性上司，就會讓她有一種受到嘲諷的感覺。如果你誇讚她能力強、做事果斷乾脆，反而更容易讓她接受你的讚美而對你產生好感。

聰明的人在讚美別人的時候，都非常地有重點和分寸。他們知道哪些應該謳歌，哪些應該提醒，而哪些應該反對。所以讚美一定要恰如其分，否則讚美就會成為一種諷刺毒藥。

⚠ 2.動作表情要到位

讚美別人最主要的條件就是，要有誠摯的感情以及認真的態度。說話時的動作態度能反映一個人的心理狀況，輕率的說話態度很容易因為被對方識破而讓對方產生不快的感覺。所以在讚美時動作表情也要到位，否則也會裡外不一致而顯得疑點重重。

⚠ 3.欣然接受讚美

讚美別人，讓對方感到開心是你的一種能力，但是善於讚美他人的同時，也要善於接受他人的讚美。當別人讚美你時你能欣然接受，這會讓你活得充實、有價值，因為這是別人對你的接納和認可。若當面對他人的讚美時，你只是一味地推拖或是直接反駁對方的讚美，容易給對方留下不真摯的感覺，反而讓對方覺得你難相處。

Point 6

給人面子，就是留給你自己面子

　　「心直口快」被很多人視為是一件好事，每次因為「心直口快」而與他人不愉快時，他們也總是會用「我就是說話直，不會拐彎抹角」來當作理由為自己開脫。但是他們往往忽略了「心直」固然是好事，但是「口快」卻未必是一件好事。在與人的交往之中，不分場合，想說什麼就說什麼，那麼有非常大的可能在無意中就傷了別人的面子。

　　其實在華人的文化裡都十分看重面子這件事，無論做什麼都會考慮自己的面子。面子就是尊嚴，誰都希望自己在別人面前有尊嚴，被人重視，被人尊重。因此，在與人來往時，我們為自己留面子的同時也別忘了給別人留點尊嚴。

　　試問：一個不給別人留面子的人，別人又如何能給你面子呢？

社交陷阱

　　有聽過「人活一張臉，樹活一張皮。」嗎？人都要面子。有些人甚至認為丟什麼都無所謂，只有丟面子是奇恥大辱。當你在與人相處中不給他人留面子時，很可能讓他一直耿耿於懷，說不定正隨時找機會報復你，在這無形之中增加的敵人也會為你的社交關係造成阻力。

每個人都有自尊心，如果想維繫感情，就必須重視對方的自尊心，特別是不要在小事上讓別人丟臉。傷人面子，受害的終究是你自己。

有這樣一個案例：某家科技公司聘請了一批新員工，公司出於對新員工的重視，召開了一次座談會，會上總經理拿著新員工名單，說要跟大家認識認識，點到誰的名字誰就站起來自我介紹吧。

開始進行得很順利，氣氛也很熱烈，但點到一個叫志寬的名字時，經理停了一下，因老花眼而皺了皺眉頭，然後念出了「志賓」，但沒有人站起來。於是他又叫了一次，這時一位新員工站了起來，接著他說：「林總，我叫志寬，不叫志賓。」這讓總經理很尷尬，氣氛一下子緊張起來，有幾個新員工小聲議論。之後志寬結束了自我介紹，而座談會也在這樣尷尬的氣氛中結束了。

沒過多久，志寬就遞交了辭呈，原因是覺得壓抑。他覺得上司好像處處在為難他，而他也覺得不能融入到公司的氛圍裡去。

志寬之所以產生這樣的感覺，就是因為在座談會時，他當眾丟了上司的面子，讓上司在新員工面前丟臉，上司自然心裡不舒服。一旦不留人面子，最終自己的面子也難以保全。

詭計運用

你希望別人怎樣對待你，你就該如何對待別人。尊重，給對方面子，其實也就是給自己留餘地。在人際交往中，想建立和諧的關係，得到大家的喜愛，就必須懂得留個面子給別人，這才是維繫感情的最好方法。

人人好面子。正因為好面子，誰都不希望別人當眾指出自己的缺點或過失。因此，別人有錯誤要婉轉地為其掩飾或提醒對方，這樣會

為你帶來意想不到的好處。

　　《三國志》中有這樣一段故事：當魯肅在取得赤壁之戰的勝利之後，班師回朝。孫權召集群臣，為魯肅接風洗塵，並親自下馬迎接魯肅。孫權又問魯肅：「我這樣恭敬地對待你，你是不是覺得很有面子？」

　　魯肅回答：「不！」接著在群臣的驚愕之中補充道：「我希望主公統一天下，然後哪怕是派個人用小車來接我，我才覺得那是真正的面子。」

　　孫權聽後撫掌大笑。就因為孫權給足了魯肅面子，魯肅才會知恩圖報，想替孫權賣命，替孫權統一天下，這是多麼大的回饋。這就是顧及別人面子所帶來的益處。

貼心忠告

❗ 1.得饒人處且饒人

　　所謂「山不轉路轉」，世界其實很大也很小。今天你得理不饒人，誰又能保證你下次不會再與對方相遇呢？若到時你又處於劣勢，那麼當初戰敗的對方，又怎會放過你？所以要懂得饒恕之道，得饒人處且饒人。

　　對方「無理」，自知理虧，你在「理」字已明的情況下，放他一條生路，那麼他必定會心存感激，來日有機會肯定會報答你。就算不如此，那麼至少不會再與你為敵。記住，少一個敵人就是多一個朋友，只有這樣，你的路才會越走越寬廣。

⚠ 2.為別人的錯誤找藉口

委婉地為對方掩飾錯誤，比當面指出對方的錯誤更能讓他認知和改正錯誤。當你在為其掩飾錯誤的時候，你會發現，在你保全了對方面子的同時，對方也對你心存感激，願意接受你的意見，維護你的立場。

⚠ 3.退一小步是為了進一大步

「退」是為了更好的「進」，因此無論怎麼退，只要最終的結果是為了進，那就是「退」得有意義。以「退」為始，以「進」為終，是處理人際關係的妙計。有時退一步，其實就等於進兩步。

有個男孩，每次人們拿著五角和一元的硬幣讓他選擇時，他總會選擇五角的，有人不明白為什麼，就問小男孩：「你為什麼不拿一元的硬幣？」男孩答道：「如果我拿了一元的硬幣，那麼下次就再也不會有人讓我選硬幣了。」這就是以退為進的智慧。

⚠ 4.留面子效應的心理詭計

「留面子效應」（door in the face effect）是指人們拒絕了一個較大的要求之後，對於小要求的接受程度增加的現象。同樣地，為了達到推銷的最低回報，先提出一個明知顧客會拒絕的大要求，便可以提高顧客接受較小要求的可能性。在日常生活中，商品的原價和特價就是這種心理詭計的應用。

美國心理學家曾經進行過一項研究實驗，他要求二十名大學生花兩年的時間擔任一個少年管理所的義務輔導員，這是一項很費神的工作，所有的大學生都斷然謝絕了。隨後，他提出了另外一個要求，讓這些大學生帶著少年們去動物園玩一次，結果有50%的人接受了。而當他們直接向另一批大學生提出「帶少年們去動物園玩」這個要求時，只有16.7%的人同意。

其實，帶少年們去動物園玩也是一件不輕鬆的工作，這從被直接提出要求的大學生當中只有**16.7%**的人表示同意便可以看出來。但為什麼當我們將這個要求的時間點放在第一個較困難的要求之後，會有**50%**的人願意接受呢？因為那些拒絕了第一個要求的大學生認為，這樣做損害了自己富有同情心、樂於助人的形象，而為了恢復他們的利他形象，便可以欣然第接受第二個要求。

　　再者，當實驗者提出一個要求遭到拒絕後，接著再提出另一個小一點的要求，這可以看做是主動的退讓。於是，出於一個友善社會的基本禮貌，另一方通常也被認為應該作出相應的讓步才對。因此，若當你有求於人的時候，不妨試試這樣子的「留面子效應」詭計。

INTERPERSONAL MIND TRICKS THAT EVERYONE KNOWS BUT YOU

LESSON
4

一張暢行無阻的通行證

交朋友的心理詭計

Point 1

交情再老、感情再好，也不要無所顧忌

　　「朋友，可以使快樂加倍，使悲傷減半。」朋友是因為彼此很多地方相像，因而願意走近且在人生路上相互扶持的人。朋友之間充滿著默契，即便是一舉手一投足，一顰一笑，一言一行，又哪怕是一個眼神，朋友之間都能心領神會，不需要過多的解釋就能瞭解對方所想。朋友之間不必虛意逢迎，有的只是彼此間的掛念和心靈相通。

　　但這並不代表朋友之間就可以無所顧忌，相反地，感情越好的朋友相處時越要注意分寸，這是與朋友相處的重要原則之一。有些人卻是因為沒有意識到這一點，失去了得來不易的友誼。

社交陷阱

　　友誼是一種美好的感情，然而美好的東西通常也是最脆弱的。每個人都有不願、或不想被人觸及的隱私，當你理所當然地認為與要好的朋友也可以輕鬆地玩笑打鬧時，也要注意不要闖入對方的禁區，踩到對方的地雷。否則即使是情比金堅的友情也不堪你這麼一擊。

　　有些人與朋友相處，會因為太過於熟悉而忘記了分寸，無意中深踩了朋友的底線一腳。輕則遭到朋友的抱怨，重則甚至失去朋友，給自己帶來無法彌補的遺憾。

思婷和敏慈是一對好朋友。敏慈的家裡是務農的，所以總有著深深的自卑感，也一直很敏感別人提及出身的話題；而思婷則是都市的女孩，家庭條件要比敏慈優越很多。兩人從大學時就很要好，直到都畢業工作了仍是相當常聯絡。但是畢業後班上的一次聚餐卻打破了這樣的美好。

　　在聚餐中思婷與同學們聊得很開心，不知從誰開始，鄉下女孩打扮的話題成為了大家的討論主題。這個關於鄉下女孩的話題讓敏慈倍感尷尬，但又不好發作，希望這個話題能儘早結束。但敏慈沒想到的是，大家對於這個話題不僅沒有一語帶過，反而討論得更加情緒高漲，後來思婷也正在情緒上，有口無心地說了句：「現在很多女孩子都很會打扮了，像敏慈其實也是鄉下來的呀。」這句話正好直刺敏慈的痛處，她尷尬地敷衍了幾句就離開了。這句玩笑話傷及了敏慈的自尊，也讓她更感到深深地自卑，所以往後她刻意疏遠了思婷。一段美好的友誼沒想到就這樣結束了。

　　深厚的友情更是經不起言語的傷害，一句不合時宜的話就可能葬送一段好不容易培養起來的友誼。越是感情深厚的朋友，越要避免說話時沒有分寸。

✦ 詭計運用

　　記得，即使是和好朋友也要「保持適當距離」，不要過於親密難分，即便本意是為了朋友好，也要顧及對方的感受，在與朋友相處時要掌握好分寸，在保持親密友誼的同時，也要注意不要挑對方的地雷踩，或是看朋友人好而「吃對方夠夠」。

　　由於個體都有差異性，再情投意合的朋友也有彼此最好不要貿然進入的心靈禁區。如果你在和朋友相處時無所顧忌，那就是一種冒

犯，不僅無法拉近彼此間的感情，更可能讓對方產生防備，從而疏遠你，使你們之間的心理距離越來越遠。

　　想要避免上述的問題就要注意：朋友之間的相處也要「保持適當的距離」。當然「保持距離」並不是說要你刻意疏遠對方，而是要為彼此留一點空間，不要直言不諱地談論對方不願提及的敏感問題。與其與好朋友無話不說，不如「偶爾保持距離」，以免出現不必要的摩擦，這樣的友情才能夠長久。「保持距離」就能產生「禮」，讓對方感受到尊重，這種尊重會讓關係更加穩定，也能更加和諧。

貼心忠告

❗ 1.處處謹慎小心，OUT

　　朋友之間的相處貴在自然，而真正的朋友在一起時即便不說話也不會覺得尷尬。如果你因為害怕傷害到朋友就處處小心，謹慎地與他相處，有個什麼誤會動不動就草木皆兵，這樣會讓朋友感受到壓力。使得對方慢慢疏遠你，而太過疏遠的友誼並不會持續太久。

❗ 2.朋友的禁忌你要最懂

　　你必須先瞭解朋友的禁忌，才能有效避免誤觸對方地雷，也不用處處小心翼翼，唯恐不小心說錯話做錯事。你的朋友對哪些問題敏感，或者哪些話題是絕對不能在他面前提到的，你都應該心裡有數，有些事情你即便知道，也不要隨便說出口，直接揭他的瘡疤。例如對方還在為肥胖的問題困擾，你就不要苦口婆心的碎念不要吃太多，並不是良藥苦口的勸說都可以讓你們的感情更好，最好換個話題，離開雷區。

守住秘密，是朋友間的基本道義

朋友間的信任程度是無法估量的，它促進溝通、拉近心與心的距離並維護友誼的長久。人與人之間正是因為有著信任才能夠成為朋友，但是朋友之間的信任同時也是脆弱的，它需要長時間才能建立起來，卻又容易一瞬間被破壞掉。而洩露朋友的秘密就是最主要的原因之一。

每個人都有屬於自己的秘密，或許是一件不願為人知的往事、或許是一個不願為人知的缺點，因為有秘密，人生才精彩、充實。作為朋友，你在知道了別人的秘密後應該怎樣做呢？想贏得朋友的信任，維護彼此之間的友誼，保守秘密無疑是最好的辦法。

保密是獲得信任的前提之一，更是社交中的基石。不講信用，或辜負對朋友的保密承諾、或是多嘴洩露朋友的秘密，這不僅會失去朋友的信任，而且也會造成對方的痛苦。

社交陷阱

有信任，才有朋友。如果洩露朋友的秘密，你就已經背叛了對方，而朋友們也絕對不願再將其他秘密與你分享，如此一來一傳十，十傳百，你終究難以擁有真心的朋友。

信任建立在相互信任和為彼此保守秘密的基礎上。有些人不尊重

朋友的隱私，洩露秘密，最後造成彼此難以磨滅的傷害，而洩密者本人也會因此失去朋友。就是交情再好的朋友也不能倖免，就像以下的例子一樣。

惠云和莉曼在一場朋友聚會中認識，因為彼此性格相似成為了朋友。之後更是因為興趣、觀點都相投而成為了最好的朋友。

一次兩人聊天時說起學生時代時的趣事，莉曼說得正開心就把自己當年打賭輸了結果被迫做的一堆糗事告訴了惠云。惠云聽後哈哈大笑，這時莉曼才意識到自己的疏忽，於是叮嚀惠云要她不要把這事說出去，惠云也就隨口答應了。沒料到在一次聚會時，惠云隨口就把莉曼做過的這些糗事都說了出來，讓莉曼十分尷尬，最後以有事為由離開了聚會。這件事讓莉曼對惠云的好感全失，再也不想見到惠云。

由此可見，沒有信任就沒有朋友。如果你不守信用洩露了秘密，那麼也意味著你將失去朋友。洩露秘密，給別人帶來痛苦和損失，自己也會引來一身麻煩。

一位長者曾若有所感地說：「當一個人的生命接近結束時，當他們回顧這一生時，印象最深的，不是自己做了什麼大的事業，有什麼好的名聲，而是自己曾經擁有過的愛有多少。」生命中，許多原本屬於我們的幸福、完美，常常因我們的輕忽而失去，不懂得珍惜，又常常因我們的自責、面子和不必要的堅持而使得良機錯失，姻緣拆散，朋友反目……如果你愛你的朋友，請尊重他們。

詭計運用

不論遇到任何事情，你都要明白，交友之道在於對朋友的忠誠。只有相互信賴的朋友，才能讓友誼地久天長。忠於朋友，能幫助朋友保守秘密，才能獲得朋友的信任，成為大家都喜歡來往的密友。

守住秘密就能獲得朋友信任，這也是對人的尊重。在朋友向你傾訴秘密時，你要表示理解，這樣能讓他低落或緊張的情緒得到舒緩，而事後你為朋友守住秘密，保護朋友的尊嚴，更能贏得對方的心。這不僅可以讓你的友誼更加穩固，還可以提升你在對方心中的地位。

成安家隔壁新搬來一位李媽媽。李媽媽因為家庭變故關係，精神時常處在低迷狀態，有些輕微的精神障礙，但是日常生活不受影響。而成安作為鄰居，在與李媽媽接觸過後自然知道此一情況。

大樓裡的住戶都知道成安家隔壁搬來了新鄰居，於是經常有一些愛八卦的人向成安追問：「你家新搬來的鄰居是不是怪怪的？怎麼看起來有點不正常？」每當成安聽到這樣的話時，都會有意地替鄰居遮掩：「她只是睡得不好，精神有些不振，沒有什麼問題。」就這樣，李媽媽安定下來後並沒有聽到什麼閒言閒語。過了一段時間，李媽媽無意中知道了成安一直替自己守著這件事。自此以後李媽媽除了對成安感激之外，還對他特別信任，出門在外總是說成安的好話，漸漸地大家的態度也越來越熱情，成安也因此在社區中有著更好的人緣，人際關係也隨之豐富了起來。

成安為李媽媽保守了秘密，不僅換來了她的信任，也獲得了李媽媽的回報，讓自己受到歡迎，看似不經意的小事卻能有如此大的回應，這就是體貼人心帶來的好處。

貼心忠告

❶ 1.無意中知道的秘密要閉嘴

　　與人聊天時，你可能無意中知道了朋友的秘密。這雖然不是朋友告訴你的，但也需要保密。朋友之間需要互相體諒，就算知道朋友所有丟臉的事情，也依然要為朋友的外在形象保密，這可以展現你的涵養，也是對朋友的一種尊重。

❷ 2.保守曾經的朋友的秘密同樣重要

　　人都有朋友，有朋友才有友誼，但有時因緣際會朋友也會再度成為陌生人。當朋友變成最熟悉的陌生人時，有涵養的人會對於曾經的朋友的秘密選擇閉嘴，如果你知道過去友人的秘密甚至隱私，選擇閉嘴能讓你展現大度。有些人在與朋友翻臉之後，出於報復心而將對方的秘密當成攻擊對方的殺手鐧，但是卻忘了當自己在攻擊別人到體無完膚之時，自己其實也早已丟棄了最後一塊遮羞布，最終留給別人的，也只能是笑柄罷了。

❸ 3.重視你說過的承諾

　　承諾就是一種我們與過去的所作所為保持一致的願望。當誰向我們訴說了秘密，同時要求我們保守秘密時，你一旦答應，就要履行自己的諾言。守住承諾就是守住秘密，守住秘密就是珍惜你的朋友。

Point 3

受用終生的秘招：「結交優秀的朋友」

　　父親發現兒子近來似乎交了一些壞朋友，就對兒子說：「孩子，你不要和他們當朋友了，他們會帶你做壞事的！」兒子回答說：「不會的，父親，他們確實是不太好，但是，我和他們當朋友，是為了讓他們從我身上學到好的東西呢。」這時，父親拿來一個竹籃，讓兒子看，籃子裡放著幾顆爛蘋果。父親又在這些爛蘋果中間放了一顆新鮮的好蘋果和一塊石頭。然後說：「三天之後，我們再來看看，會出現什麼變化。」

　　三天過去了，父親拉著兒子走到籃子面前，他們看到了什麼？那顆新鮮蘋果已經爛了一邊，而石頭呢，當然沒有發生任何變化。於是父親對兒子說：「你看，要是你像石頭一樣堅硬的話，你就能影響你的壞朋友，但是如果你像蘋果那樣軟弱，那麼你只會在他們之中一起腐爛。」

　　這個故事說明了環境對人的影響力非常地大，而人被環境的隱性改造更是有著極端的差異性。

　　在一個和諧平等的環境中，雙方會因為沒有距離感而相處融洽；而在與比自己差的人來往時，又因為環境讓人產生優越感而使得個人虛榮心得到滿足。因此，許多人都喜歡和比自己差的人來往，但是卻忽略了一點：在與這些人來往的時候，你很難獲得進步。

有人喜歡和不如自己的人當朋友。但是和比自己差的人來往很難自我提升，且難以發現自身的不足之處，因為在他身上很少有優勢可以讓你學習，讓你意識到自己是否哪裡低落，而且如果對方是一個愛好學習的人，他將學習到你身上的優勢並能很快地超越你。

所謂「生於憂患，死於安樂」，人長期處在一個舒服、安逸的環境之中，就會忘記還要進步，或是覺得根本沒有那種必要。當你長期與比自己差的人交往時，你會產生一種：「我非常厲害」的感覺，自信固然好，但是如果放在不對的地方就會讓你止步不前。現代社會資訊瞬息萬變，每個人都不斷地接受新知，同時不停地成長、進步，害怕被他人拋在腦後。在社會上行走猶如「逆水行舟」，當你停止進步，那麼下一秒、下一個瞬間自然有人超越過你（尚且還是複數），如果你不前進，那就表示「你正在後退」，最終你將跟不上社會的腳步而被遠遠拋在後頭。

詭計運用

優秀的人之所以優秀，是因為他們身上具備優秀的本質、習慣和思維。經常和他們在一起，多接觸、多腦力激盪，才能促使自己不斷進步。結交比你優秀的朋友，讓對方知道你喜歡與他相處，使自己得到更好的發展，這才是明智之舉。

在人際交往中，要注意選擇交往對象。在和比自己優秀的人來往時，人們常常有不自然，渾身不自在，感覺自卑或尷尬的情況，所以很多人喜歡選擇和比自己差的人來往。因為在這樣的環境中可以讓自

己揮灑自如，也可以產生一種優越感。但是人們在追求這樣的優越感的同時卻往往忽略了最重要的一點：「有壓力的環境才能產生想要進步的動力。」

有句話說：「聽君一席話，勝讀十年書」，這句話是指在與人溝通時，對方的一番話讓自己受到了提點和薰陶，同時也知曉了人生道理。優秀人的一番話，有時能讓我們豁然開朗，甚至讓我們對世界有一個更為深刻及全新的認識。想要成為一個優秀成功的人，就要多與比你優秀的人來往，並讓對方知道你對他的喜愛，這樣才能產生突破的動力。記住：沒有人不喜歡讚美，人人都有虛榮心，獲得別人的喜愛或崇拜，在任何人看來都是一件值得驕傲的事，如此對方也樂意告訴你一些經驗了。

在某人得獎時、獲得成功時，我們經常可以聽到這樣一句話：「感謝週遭的人對我的幫助與包容，感謝……感謝……」，這是多數成功人士致謝時經常掛在嘴邊的話。很顯然地，給予成功者幫助的人大多是比他優秀的人。周圍的環境和來往的人會對人的成功產生很大的影響。

但是現在的人因為各種原因遲遲無法跨出這一步。或許是因為缺少自信，或許是因為承受不住壓力，所以他們對優秀的人望而卻步，明明有認識的機會，但是卻不敢付諸行動。其實，人與人是有差距的，但是人無完人，再優秀的人也有他不完美的一面。結交優秀的朋友，最終你也會成為他人「優秀的朋友」。

貼心忠告

❗ 1.不輕視比你差的人

　　減少和比你差的人來往，並不代表你可以輕視他。優秀的人有優秀的習慣，優秀的學習方法，但是比你差的人也有自己的驕傲。也許他在某方面甚至整體素質都不如你，但是他也有受到尊重的權利，也有他個人的優點長處，不是你比別人優秀，就可以目中無人，甚至輕視他人，這不代表這是你的成功。恰好相反，這表現出了你多麼地幼稚和沒有道德。

❗ 2.與優秀的人來往要有積極的態度

　　在與優秀的人來往時，要抱有積極的態度。和他往來是因為你想要從他身上學到對你有用的東西，進而提升自己，羨慕、崇拜並不是你的目的。在與優秀的人交朋友時，要進而瞭解你想要學到的東西，要積極發現、認識、感受並學習他身上的優勢，你才能夠有所收穫。

❗ 3.記住，不要和天差地別的優秀者來往

　　在與優秀的人當朋友時，還有一個重要的前提就是：「不要與差之千里的優秀者來往。」相差太多，就沒有共同的話題，所謂：「酒逢知己千杯少，話不投機半句多。」如果兩個人都沒有共同的話題，那麼你的友好在他的眼裡就只會變成巴結，甚至是笑話。

❗ 4.不要讓崇拜變成恭維

　　在結交比你優秀的朋友時，不要過度放大對方的優點，你可以表示崇拜，但絕不用感到自卑。當你與對方的來往表現出不卑不亢的態度時，將更容易贏得對方的好感。

平常多關心朋友，不怕暴風雪中無人送炭

　　友誼是你受傷時的一帖良藥；是你口渴時的一杯水；是你渡河時的一葉扁舟，是金錢買不來，命令無法下，只有真心才能夠換來的最可貴、最真實的情感。人生路途總是風風雨雨，朋友可以為你擋風寒，替你分憂愁，為你解除痛苦和困難，在你遇到困難時朋友能時時伸出友誼之手，拉你一把帶你渡過難關。

　　但並不是所有的朋友都會在你困難時雪中送炭，也不是只有遇到困難時才想到還有朋友，朋友間的幫助是互相的。俗話都說：「平時不燒香，臨時抱佛腳。」神佛雖然慈悲，但如果你平時不燒香，不關心，一旦真的有事來懇求，佛祖也不會幫助你。神佛尚且如此，更何況是世俗凡人。如果只把朋友當作是「工具人」或「行動提款機」，只有遇到困難時才想到朋友的好，而在平時不懂得維繫彼此之間的友情，久而久之朋友也就會離你而去。

社交陷阱

　　人付出了就一定會期望有所回報。如果你平時對朋友沒有付出，只是在你遇到困難時才想起朋友的好，那一次兩次朋友可以伸出援手，但是長此以往，當朋友心裡出現失衡時就會找個藉口拒絕再幫你，最終絕對影響到兩人的友誼。

用自己的立場想想，沒有人想跟一個只會找麻煩的朋友來往。因此在維繫朋友關係時，要多關心對方的感受，不能一味地只向朋友伸手，這樣的友誼很脆弱，而且很可能在你一次又一次的求助之中友誼就消失了。如果你平時不懂得多維持朋友間的感情，那麼在你困難時也許就真的找不到誰願意幫你。

林伯伯一輩子做事勤快但卻不善於言辭；奉公守法卻不善於交際。他對朋友幾乎從不聯絡，一直以來都信奉著「萬事不求人」的自我原則，身邊除了老婆孩子，其他途徑認識的朋友們幾乎一個都沒有聯絡。

有一次林伯伯的兒子小賢跟人吵架，一氣之下雙方都動了手，小賢被別人打得頭破血流後被送進了醫院。林伯伯愛子心切，聽到這個消息時覺得整個世界都陷入了一片黑暗，林媽媽聽到更是直接昏了過去。

當林伯伯手忙腳亂地趕到醫院時，醫生告訴他：小賢的病情比較嚴重，已經嚴重傷到腦部，前前後後會需要十幾萬元的手術費與住院費用，並且要儘快地安排手術。林伯伯聽完後毫不猶豫地從銀行領出了自己的積蓄，但是算起來一共也只有九萬元。所缺的幾萬元手術費用頓時讓林伯伯覺得十分無助，想要找人借錢湊這筆手術費，但是他想了又想，卻真的不知道該去向誰求助。林伯伯把所有能想到的朋友都打了電話，但是因為平時沒有來往，有許多朋友不是藉口最近手頭也緊，就是對林伯伯的求助不屑一顧，這讓林伯伯十分低落，也非常無奈。不過是湊錢的這幾天，林伯伯就愁白了頭髮，人也瞬間老了許多，老伴也因為照顧兒子而勞累過度病倒了。

最後林伯伯向銀行貸款，用盡了各種方法，總算湊齊了往後的住院費用。手術很成功，這讓奔波的林伯伯心裡放下了一塊大石頭。往後在回顧這段經歷時，林伯伯總是感嘆地說：「因為平時我的朋友

少，也沒有想過幫助其他朋友的事，沒想到這些卻差點要了我兒子的命啊！」

林伯伯的最後一句話雖然直接，但卻很有感悟。因為平時來往的朋友少，而且也不常關心週圍的朋友，總是抱著「萬事不求人」的原則，卻險些讓自己的兒子賠上了性命。可見，一個人沒有朋友在現代社會裡根本相當難以行事。所以，平時多燒香，且燒誠懇真摯的香，那麼，在你困難時，朋友從不會吝嗇對你伸出援手。

詭計運用

人與人之間互有利益上的需求是再正常不過的事情了，而朋友之間的相處卻是建立在先付出的前提下。只有在平時多給朋友一些關心，在你困難時你才更好開口向朋友求助。朋友之間要互利互惠、互通有無、截長補短、相互合作，只有這樣才可以達成一個人難以辦到的事，因此你從不要忽視朋友能帶來的力量。

你可能有這樣的經歷：當你遇到困難時，想起某個朋友能夠幫你疏通關係、解決難題，而正想打電話給這位朋友時，卻突然意識到自己以前很少關心他，現在有事了找人幫忙，自己卻真的不知如何開口。這讓你感到十分懊悔，也是現在許多人都會遇到的問題。要避免這種問題以及這樣的問題所帶來的困擾，我們就要學會「提前燒香」。在平時多關心朋友，只有這樣在遇到困難時你才能拋開顏面向朋友尋求幫助，而對方也會樂於接受你的求助，幫你渡過難關。

細心觀察的人會發現，公司裡面總是有那麼一些人，平時有事沒事就到其他部門轉轉。人事部、會計部更是重點光顧對象，有事說事，沒事混個臉蛋熟，抓到機會更是對同事多加關心。這樣的人工作一般都是一帆風順的，不是因為他們不會遇到問題，而是在遇到問題

時大多有人替他想辦法、甚至替他解決。這就是平時的播種所帶來的收穫。

真正善於利用關係的人都將眼光放的長遠，善於及早做準備，未雨綢繆。這樣在危急時就會獲得他人意想不到的幫助。

在現實生活、工作中，你不可能避免與人打交道，不論是親朋好友，或是上司同事，或是與陌生人從不相識到相識。人生有時借助貴人的幫助，可以讓你的人生更加氣勢萬千。所謂：「平時多燒香，自有貴人幫。」這就是人際交往的詭計所在。

貼心忠告

❗ 1.冷廟也要燒好香

所謂的「冷廟」就是你那些懷才不遇、才能還沒有得到展現的朋友。對這些朋友，你在平時也不能偏心的要多關心。在他窮困潦倒的時候，他可能還沒有能力回報你，但是一旦他翻身了，他第一個記得要回報的當然就是你給的恩情。當你遇到困難時即使沒有請他幫忙，他也會主動詢問你，並且會竭盡全力地幫你達成，因為這是他的一個人情債，而沒有一個人喜歡欠人人情，為了達到還人情債的壓力，你的事他自然不會袖手旁觀。

❗ 2.燒香有限度

雖然平時應多燒香，但是燒香也要有限度。當你關心過多就有巴結討好之嫌，這樣的做法不但不能讓你在困難時得到朋友的幫助，還很可能因為你平時過於明顯的示好，而讓他人厭惡，淪為旁人的笑柄。

沒有永遠的陌生人，人人都可能是貴人

「害人之心不可有，防人之心不可無。」一些人在與人交往時對「陌生人」都存有戒心，這本無可厚非，但是習慣性地防範陌生人的接近，對想要與你交朋友的人處處防範，甚至不敢走出自己的生活圈，這就阻礙了你的正常社交生活。

相信不少人都有過這樣的感受：當自己遇見一位特別投機的朋友時，我們會感慨地說：如果當初我們沒有參加那個聚會、沒有那次見面，我們兩個人也許至今都不認識。既便是在某一天，我們在街上迎面而來，擦肩而過，我們彼此也不會認識，我們只是生活在同一片天空下的兩個陌生人。而世界上沒有陌生人，只有朋友和還沒來得及認識的朋友。

社交陷阱

隨著社會環境的複雜化，我們對陌生人的戒心也越來越重。處處防備陌生人確實讓我們能避免受到傷害，但是卻也封閉了自己的人際網，人人都可能成為你的貴人，拒絕和「陌生人」說話就可能錯過一個能夠給予你幫助的貴人。

許多人出於自我保護，因此拒絕和陌生人接觸和交往，也對陌生人處處防備。但是這卻在無形中阻礙了你社交範圍的擴展。一個處處

封閉自己、不善於結交陌生人當朋友的人，不會擁有好的人際關係。下面故事中的小芳就是這樣。

小芳是個戒心很重的人。在平時與人交往的過程中，她經常懷疑對方的目的。在平時上班的路上，經常有一位二十多歲的年輕人和她同坐一輛公車，每次對方看到她都會很友好地對她微笑。每當這種時候，小芳都會覺得這年輕人是不是對她有不良企圖，所以總是冷冰冰的沒有任何回應。

一次公車因為人多擁擠，小芳和年輕人都沒有座位，只是距離很近地站在車的中間。突然，司機一個緊急剎車，小芳因為沒有抓穩眼看就要跌倒了，年輕人看到，及時一把扶住了小芳。小芳站穩後看清是年輕人，只是低低地說了聲謝謝，之後便是對他的好心詢問敷衍了事。原本還想繼續與小芳聊天的年輕人在看到小芳表現出的冷漠態度後，也自覺地閉上了嘴。就這樣本應成為朋友的兩個人，因為小芳的冷漠和防備，仍舊是形同陌路。之後小芳在坐車時就再也沒有見過那位年輕人了。

小芳的案例在現實中也經常發生，因為對陌生人的防備，很多人就像小芳一樣，失去了一個又一個結交朋友的機會。不要總是羨慕別人的朋友多或性格開朗，其實只要你肯打開心扉，你也可以像他們一樣，在結交朋友的同時碰到自己的貴人。

詭計運用

沒有永遠的陌生人，只有朋友和還沒來得及認識的朋友。人際交往都是從與陌生人開始的，無論是兒時的玩伴，生命中的知己，還是與我們相守一生的愛人，彼此之間，都是從陌生人開始，最後也都成為了重要的人。所以人人都可能成為你的貴人，與陌生人試著當朋友，就是擁有良好人際關係的開始。

俗話說：「一回生二回熟，三回見面是朋友。」這是自然而然的，也是人之常情。從離開父母進入幼稚園的那天起，我們接觸的每一個人都是陌生人，鄰座那位陌生的小朋友，成為我們的青梅竹馬；同桌的她，成為一輩子的閨中密友。在與許多陌生人擦肩相遇的那一刻起，有些人，成為了我們不可或缺的朋友，這些都是從陌生人開始發展的。

很多時候「還沒來得及認識的朋友」和「陌生人」是同一種意思，只是說法不同而已。「還沒來得及認識的朋友」是一種積極的心態，擁有這種心態的人們，會積極地去結交不認識的朋友。其實人際交往反映的就是一個人適應社會的能力，一個懂得社交技巧的人、善於結交朋友的人，自然比一般人能有更多的機會，擁有更多的朋友。有時陌生人也會成為你的貴人，積極主動地認識陌生人，那麼在你遇到困難時陌生人的幫助能夠讓你更快地度過難關。就像下面故事中的小荷一樣。

小荷平時為人熱情開朗，就是在陌生人面前也毫無拘束。一次小荷因為工作去了離家很遠的地方拜訪客戶，恰巧客戶臨時有事不能準時到達，打電話通知了小荷說要晚點才到。因為這次離家較遠，小荷不願白跑一趟，於是答應在約會地點等待客戶。在等候過程中，因為無聊她和旁邊的一位小姐攀談起來，兩人還聊得相當投機。不知不覺時間過去了，眼看末班的車已經開過了，這時客戶打來電話說：「今天實在是沒有時間，只好改天再約了。」正在小荷為如何回家發愁時，那位小姐主動提出可以送小荷到附近的計程車站，以方便小荷搭車回家。小荷對這位小姐充滿了感激，直說遇到了貴人，之後兩人互留了聯絡方式，隨著友誼的日益加深，最終兩人成了無話不談的知心好友。

如果小荷沒有主動與那位小姐進行攀談，那就不會有之後對方的

友好相助，也就更不會擁有一個知心的朋友。結交陌生人是一種能力，有時更是建立良好人際關係的開端。

貼心忠告

1.丟掉心理包袱，認識陌生人

想要成功地與陌生人交朋友，你要先丟掉自己的心理負擔。清楚認識到這些心理負擔，可以讓你更好地克服它並自然地認識陌生人。認識陌生人的心理負擔一般有以下幾種：

◆缺乏自信，不敢和陌生人主動來往。

◆缺乏安全感，不敢親近陌生人。

◆個性太強，認為主動搭話陌生人很丟臉。

這是人際關係中較常見的三種心理負擔，克服它就是走出社交的第一步。

2.消除心理恐懼，與陌生人來往

有些人在與陌生人交往時都會感到輕微緊張，但這並不會影響到他們的表現。而社交恐懼則讓人們無法正常地進行人際交往，社交恐懼的人總是處於焦慮狀態，他們害怕自己在別人面前出洋相，害怕被別人觀察，與人交往，甚至在公共場所出現對他們來說都是一件極其恐懼的任務，對於結交陌生人對他們來說更是不可能的事情。

其實和陌生人當朋友並不是一件困難的事，只要你能夠消除心理恐懼，改變心態，積極主動一些，就能認識很多陌生人，也容易和他們成為朋友。朋友在事業、生活等各方面都能夠相互幫助，相互提攜，而這也將

成為你人生中的一筆財富。

3.認識陌生人一定要看對象

　　雖然前面說了很多與陌生人當朋友的好處和方法，但是最後也要做個提醒：認識陌生人時也要看對象。不是所有的陌生人都能夠和你成為朋友，這要求你要會看人，要有基礎的戒心，在來往的過程中發現對方的優點和缺點，切不可對剛認識的陌生人毫無防備。與陌生人當朋友有一個最重要的前提，那就是保護自己不受到傷害。

Point 6

品味「弦外之音」，不給朋友添麻煩

　　為了擁有良好的人際關係，我們都十分注重自己言語的表達。不利於人際交往或帶有負面情緒的用詞往往被人們刻意隱藏起來。當人們潛意識裡的思想和經過加工修飾後所表達出的語言出現不一致後，就有了場面話和真心話的差別，進而出現了所謂的「弦外之音」。

　　在現代社會的人際交往中，除了特定的關係內，通常很少有人願意展現出自己的真實感情。但是當情緒出現波動時，人們都會選擇用語言暗示這些感覺，就像是在玩一個和情緒捉迷藏的遊戲。善於交際的人能在與朋友的交談中聽懂朋友的「弦外之音」，從而採取最好的解決方法，這樣就能避免許多尷尬問題的出現。但一些不善於交際的人聽話只能聽到表面意思，也經常不能領悟朋友的「真正意思」，這往往也是社交失敗的一個重要原因。

社交陷阱

　　在人際交往中經常會出現正話反說的情況，這是人們想要表達自己真實情感的一種委婉方式。不能及時領悟朋友的「弦外之音」，輕則造成不必要的麻煩，重則讓朋友反感。不能領會「弦外之音」等於不知風向便去轉動風帆，處理不好，即便是小風浪就能讓你翻船。

由於是朋友的關係，所以有時拒絕或是推拖的話就很難直接說出口，這就導致出現了話裡有話的情況。在這種情況下，聰明人一般選擇立即轉開話題或是放棄，直接告辭離開，而一些腦筋較「直率」的人聽不懂朋友的暗示，依然滔滔不絕地繼續話題，這就會讓朋友感到困擾，也會對你產生反感。

　　禮育和英德是朋友，禮育是一個銷售人員，而英德則是一個成功的企業管理者。一次禮育因為工作去找英德推銷。作為朋友，英德不好直接拒絕禮育，所以在接待了禮育之後出去了一下，回來之後熱情地對禮育說：「歡迎歡迎，難得你來找我，我本來還有一個會議，但是你來了我剛剛特別和外面交代了一下，會議延後半個小時，我們聊聊吧。」言外之意就是說：「我現在很忙，沒有時間和你聊天。」但是禮育並沒有聽懂這番「弦外之音」，而是認為英德真的是因為自己的到來而高興，所以就在英德的辦公室內大聊特聊自己銷售的產品。在交流過程中英德頻頻看錶，但是禮育依然沒有要走的意思，最後英德實在沒有辦法才下了逐客令，這讓禮育很不高興，最後兩人不歡而散。之後英德就再也沒有見過禮育，兩人也從此形同陌路。

　　這次失敗的交際中，英德對禮育頻頻暗示，但是禮育卻不為所動，耽誤了英德的工作，給英德添了麻煩，最終英德不講情面地直接下達了逐客令，導致了友誼的終結。可見，與朋友相處時，如果你聽不出對方的「弦外之音」，將會多了很多麻煩和不愉快。

詭計運用

　　聽懂「弦外之音」就是聽懂朋友要表達的真實意思。在聽朋友說話時，不要單聽表面的意思，要對他所說的話思考，要學會從對方說話的語調和說話時的動作神態判斷朋友的真實意圖，聽懂「弦外之音」，不給朋友添麻煩，才能獲得朋友的喜愛。

許多人常對含有弦外之音的話中話感到很費心思，也無法及時領悟朋友的言外之意，經常無端地添麻煩，最後傷人還傷己。其實，如果明白了「弦外之音」的表達方法，話中之話也就不難翻譯了。

很多時候，人們即使想隱藏自己的真實情感，但是說話的音調和表情動作仍會洩露出自己的真實想法。作為朋友，在瞭解朋友平時性格的基礎上，聽朋友說話時注意這些細微的變化，就能更快更準確地聽懂朋友的話中話，明白朋友的「弦外之音」。這樣在與朋友來往時才能及時採取措施，不給朋友添麻煩。

有這樣一個故事：美國總統華盛頓（George Washington）對自己的秘書說：「我不太明白，英國很多階層的男士都可以叫紳士，官員可以叫紳士，律師可以叫紳士，醫生可以叫紳士，商人可以叫紳士，甚至無業的人也可以叫紳士；貴族裡有紳士，貧民裡也有紳士。為什麼這麼多人，各行各業的人都可以叫紳士？你去打聽一下，紳士到底是什麼意思。」過了兩個多小時，秘書回來跟華盛頓說：「知道了，紳士就是不給別人添麻煩的人。」這位秘書一句平實的話卻道出了真理：「紳士就是不給別人添麻煩的人。」聽懂弦外之音，做一個紳士，誰會不願與紳士來往呢？

貼心忠告

❗ 1.隨機應變是一種交際詭計

一個人在聽懂「弦外之音」後也要懂得隨機應變。一個人只有學會變通，始終以不變應萬變，才能擁有更好的人際關係。在人際交往中，只有懂得「變」的法則，才能真正把握機會，逢凶化吉，轉難而易，否則，往

往碰得鼻青臉腫，頭破血流還不明所以。適當地學會隨機應變，將使你在社會生活和工作中受益無窮。而隨機應變主要表現在：

◆ 不以自我為中心。與別人交談，多考慮別人的感受。

◆ 明白對方的個性。例如：對方喜歡婉轉，你就應該說含蓄的話；對方喜歡率直，你就應該說清楚的話。

◆ 根據對象的不同採取不同的說話方式。例如：根據對象的地位和品味採取不同話題，與不同地區的人採取不同的語言習慣等。

2.學會看臉色避免不必要的麻煩

人際交往中對朋友的言語、表情、手勢、動作以及看似不經意的行為注意觀察，是掌握朋友真實意圖的先決條件。察言觀色是透過細微變化感受和捕捉朋友話中話的一個「由表及裡」、「由此及彼」的過程。見微知著，由細微之處體會朋友的真意，才能避免找別人麻煩。

3.不要自作聰明

不要自作聰明，揣摩朋友的心思。朋友之間的交往很多時候是自然、真實的。不需要對朋友的每句話都自作聰明的妄自揣摩。

INTERPERSONAL MIND TRICKS THAT EVERYONE KNOWS BUT YOU

LESSON 5

懂得深藏，
知道露

與上司相處的心理詭計

學上司的做法，先得到認同再創新

　　人都不是獨立存在的，而且人們的自我評價大多從別人的看法中獲得。我們之所以能夠認識自己、肯定自己、喜愛自己，都是透過和別人的相處、從別人的評價當中得到的。所以獲得他人的認同就是贏得了他人的尊重，而這種尊重會讓人從中獲得動力。

　　在職場中，上司更是如此。上司有著「與眾不同」的地位，也自然有著高人一等的優越感，若他們能得到下屬的認同，要比每天聽到下屬的讚美更覺得真實，得到更多的自我滿足感。聰明的職員要學會效仿上司的做法，透過認同、效仿上司的做法，能夠更快博得上司的好感，從而提高上司對你的看重程度。

社交陷阱

　　一些職場新人在剛進入職場時，為了展現自己的能力和個性而追求創新，在工作中花樣百出，完全不把上司放在眼裡。這樣的做法勢必讓上司也用挑剔的眼光看待，如果一直在上司挑剔的目光下工作，也不會有太大的發展空間。

　　作為下屬，很多人都納悶：為什麼自己喜歡的上司也會喜歡自己，而自己不喜歡的上司也對自己沒有什麼好感呢？其實，當你向上司傳達喜愛、尊敬的態度時，上司也會感覺到而慢慢對你產生好感。

在你面對不喜歡的上司時，上司也會從你的動作神態之中察覺到。

在職場中獨立創新固然很重要，但是如果沒有得到上司的認同，那創新也就無法等同無效。就如同俞璇一樣：

俞璇是一個非常有能力的員工，在工作上十分努力，也有很好的業績。但就是一直無法處理好和與上司之間的關係。一次俞璇在工作時突然想到一個可以拉高業績的好辦法，在經過反覆思考後，俞璇向上司說出了自己的想法。這方法確實很好，但是因為俞璇平時與上司的關係不是很好，並且在工作上俞璇經常反駁上司的觀點，因此上司為了顯示自己的威嚴而把俞璇的方案壓了下來。俞璇對此十分不滿，在辦公室裡就和上司大吵起來，最終俞璇覺得自己的才華得不到上司的認同，氣憤之下離開了公司。

俞璇最失敗的地方不是沒有能力，而是能力不能得到上司的認可，最終丟掉了工作。這是職場中經常出現的場面，也是職場中的一大禁忌。

詭計運用

人們在職場工作狀態漸漸穩定之後，往往會陷入瓶頸，業績上難以出現新的突破，因此工作要有創新。創新是建立在獲得上司認同的基礎之上的，下屬想要獲得上司的認同，最好的辦法就是效仿上司的做法。

在與上司往來時，你不妨這樣做：當上司無意中做出某個動作時，你也跟著做某個動作；上司做出某種表情時，你也以同樣的表情回應。這樣給上司一種被認同的感覺，久而久之也會把你當作「自己人」，「自己人」總能比外人獲得更多地照顧和幫助。得到了上司的認可後你的創意就可以更容易地通過上司的審查，從而更好地施展自

己的才華。

小順是一個職業經理人，但在剛進入職場時，卻因為做事方法不對而倍感艱辛，好多次都想放棄工作，但是後來得助於一位同事的提醒，他才有了今天的成就。

剛進入公司時，才華洋溢的小順不瞭解上司的性格和做事方法，每次他的企劃案都會被上司壓下來。他非常鬱悶，甚至有過想要離開的念頭，後來一位同事提醒他說：你想要做自己的企劃，首先要有上司的認可，你先瞭解上司的性格和做事方法，模仿一下，這樣肯定能獲得上司的認可，之後你的方案不就可以順利進行了嗎？小順聽後恍然大悟，於是按照同事的方法做了。正如同事所言，他獲得上司的認可，隨著他的企劃案一個一個的實行，他才逐步走到了今天的位置。

小順最後的成功並不僅是能力的提高所帶來的，而是他改變了自己的處事方法。剛開始的阻力完全是上司的壓制，而小順改變了方法，效仿上司並取得了上司的認可，才華也能逐漸展露出來。可見下屬贏得上司的認可是多麼地重要。

貼心忠告

❗1.不要刻意模仿上司的動作或表情

在效仿上司時，注意不要刻意模仿，刻意模仿在上司看來會誤認為你在取笑他，反而不利於獲得上司的好感。在同事看來討好的意味太重，也不利於與同事的相處，不露痕跡地模仿才能達到你的目的。自然流露出相同的動作或做法，給上司一種找到「自己人」的感覺，才能獲得上司的好感。

❗ 2.效仿上司的做法不代表放棄自我

效仿上司的做法，最終目的是要獲得上司的好感從而施展自己的才華，但不要忘記自己的目標。有些人在效仿上司做法的過程中，逐漸放棄了一開始自己的想法，形成習慣，最後以上司的做法作為自己在職場發展的準則，這就大錯特錯了，每個人都有自己的行事作風，在效仿上司做法的過程中，要保留自己的想法。在獲得上司的認可後，要按照自己的思考進行創新，才能走出有特色的路，找到更適合自己的位置。

❗ 3.不同的上司應對不同

每位上司都有自己與眾不同的想法和做法，不是所有的上司都喜歡自己的做法被人效仿。因此在使用此技巧時，要看準上司的性格和心理，因人而異。如果千篇一律、不分對象地使用同一種技巧，有時反而弄巧成拙。

2 把讚美說到上司心坎上

　　在華人觀念裡，職場中上司就是上司，在他面前，下屬需要俯首稱臣，聽從差遣，隨時待命。作為下屬，上司永遠高高在上，一語定江山。上司的臉如同天氣，嚴肅時，整個辦公室也會烏雲密佈，堆滿笑容時，下屬心裡也跟著豔陽高照。上司心情的陰晴變化是辦公室的天氣預報，上司的狀態好，眼神才好，才能看到下屬的好，這是級別關係裡不可不提的部分。如何讓上司的心晴空萬里？讚美無疑是條妙計。

　　沒有人會拒絕接受別人的讚美，上司更是如此。與上司來往，有時帶有技巧的讚美就像善意的謊言那樣效果良好，它能讓上司對你青睞有加，幫你開拓更寬廣的職業之路，但是如果這一點你處理不好，讚美將成為讓上司挑你毛病的開始。

　　俗話說：「好話也怕說三次。」鮮花太多也成災，言多必失，好話說得多到不切實際，就顯得虛情假意，讓上司心生不安，讚美反倒讚出了災禍。古時大臣因為想博得皇上一笑，結果美言過度，被處死的比比皆是，想封建制度下也有人對虛情假意生厭，何況是發達的現代社會。當然處死一說言之過重，但也是讓大家明白，讚美用得不對也很危險，古被處死，今被嗤之以鼻，名聲敗壞，受同事孤立。既然要讚美，就一定要讚美得恰到好處，把美言說到上司心坎上。

讚美是一項藝術，上司的臉是陰是晴，決定在你說話的分寸上。只要你說的做的稍有過之，讚美得過於刻意，就會讓上司覺得你虛情假意，對你好感全無。把握不好讚美的度，你不僅得不到關注，反而會招上司厭煩。

讚美就是讓上司美得春風得意，還覺得你說的話句句有理，在飄飄然的同時也能保持一份理智和清醒。無論上司怎麼回味，都會覺得你說的話恰到好處，令他舒服至極，這的確是一種境界。

在某部偶像劇中，女主角的頂頭上司收到一份來自新加坡的郵件，打開之後是一條漂亮的名牌絲巾。女主角的同事們心照不宣：似乎是上司的老公寄來的，於是同事們大呼對上司的幸福感情羨慕不已，並作羨慕狀，把上司哄得樂不可支。

女主角的同事們讚美上司不動聲色，輕鬆隨意，而優越感卻早已流入上司心裡，即便臉上剛開始有些許不開心，也因為兩位下屬的讚美之詞而轉以笑顏，心情也由陰轉晴了。

詭計運用

讚美上司不需要特意，更不需要刻意。最高境界的讚美就是讓讚美之詞了無痕跡，卻又深入人心。與上司交流，不需過於拘謹，有讚美上司的機會，你就自然流露，創造輕鬆的談話氛圍，這樣上司也能自然接受，並且受之在心。

在很多人眼裡，讚美似乎都是說出美言的結果，認為會說才是王道。其實並不完全如此，做也非常重要，試著用行動讚美吧！作為上司，內心總有那麼一種我為本尊、我為開創者、我為榜樣的心理，他

的滿足感就在於獲得下屬的擁護和在乎。

當主管要求佩琪、唯嫻和海倫提交每週工作報告時,唯嫻擔心自己的報告主管看不上眼,則突發奇想:「既然主管也要每週向她的上司提交周報告,為什麼不套用主管自己周報告的格式呢?」這樣事事以主管為標準,讓她覺得自己就是主宰,身邊下屬都是她的丫鬟,那麼主管讀我的報告時不僅看著順眼,而且優越感也會油然而生,不是嗎?她把想法告訴身邊的海倫,於是兩人按照主管寫周報告的格式準備了自己的那份。而佩琪在準備報告的過程中非常不耐煩,認為頻繁提交報告太麻煩,於是就按照自己的想法製作了一份。

結果,主管在讀了周報告後有了截然不同的反應,受表揚的當然是唯嫻和海倫,佩琪則被挑三揀四,並被要求按照唯嫻的報告格式再寫一份。

難道佩琪的報告真的不好嗎?唯嫻的報告就一定完美無缺嗎?未必,只不過是佩琪的報告格式不入主管的眼,行文風格不入主管的心罷了。而唯嫻恰好滿足了主管的虛榮心,提升了主管的優越感。

詭計運用

在上司看來,自己就是首領,需要得到百分之百的擁護和崇拜。下屬用行動來表達對上司的崇拜,遠遠比「說」更見成效。在行事中模仿上司的風格,在上司心裡燒一個烙印:「我是您帶的,我身上處處可見您的影子。」讓上司看到你的種種作為,覺得確實如此,理所當然地,甚至心中竊喜:「我的榜樣力量不可小視。」如此一來,你的目的就達到了。

貼心忠告

❗ 1.瞭解上司的性格特徵和個人情況

上司的性格截然不同，相處之道也不同，讚美的程度和方式也不同。嚴謹的上司對自己是幾斤幾兩心知肚明，下屬一點不實之言都會讓他反感，甚至認為這是對他的侮辱。而喜好表現的上司善於誇大自己的功績，對別人歌功頌德般的表揚和稱讚也許並不反感，甚至非常喜愛。

在讚美上司前，你一定要保證對上司的性格和個人情況清楚瞭解，根據上司性格的不同掌握好與之交流的界線，把讚美之詞說到上司心坎上。讓上司把你的行動看在眼裡，把你的美言聽在耳朵裡，最終甜在心裡。

❗ 2.不要自以為是地揣摩上司心理

作為下屬，為了得到更好的表現和發展機會，難免會對上司之意有所揣摩，大到一件事情的判斷，小到一個動作、一個表情，似乎都覺得有著什麼特殊的含義。揣摩上司的心理，這很正常，但是常有下屬在這件事上看走眼，看上司繃著臉，就猜想一定是自己做錯了什麼，一看上司沒有回應，就認為是自己說錯了話。

其實再怎麼揣摩，我們也看不透上司的心，再多觀察也只是表面之功，我們只能儘量客觀，卻無法做到絕對準確。多看、多聽、多思考，站在一個平常人的角度，客觀地去分析上司的行為和話語，而不是只以自己的身份來看上司，你才能對上司的心理狀況有更多的把握。

❗ 3.讚美上司真誠自然是關鍵

沒有人喜歡虛情假意的讚美，特別是上司。你越是刻意為之，上司對

你的印象越惡劣。與上司來往，要表現得自然輕鬆率直，讚美也要說得不露痕跡，如此自然會讓上司喜上眉梢，對你更是青睞有加。

❗ 4.模仿上司的風格，但要有自己的想法

上司喜歡被簇擁的感覺，這源於一種首領心理，在上司「視察」時模仿他的做事風格，能增加上司對你的好感。但並非全盤照單全收，不是人家做什麼你就要跟著做什麼，觀察，思考，再選擇出適合你的方式，或是與你自己的風格做融合，同時你也要能展現出自己的想法和獨特之處，讓上司在觀察、在接受你的同時，也能發現你的個人魅力，這才會讓他對你更氣味相投。

Point 3

功勞是上司的，苦勞是自己的

在工作中拿到了好業績，按理說功勞當然是你的，但是這個功勞給不給你，還是上司說了算。作為下屬，你要先讓上司認可你的功勞。那麼如何才能讓上司認可你的功勞呢？那就是先把功勞讓給上司。

做出成績是因為上司指導有方，這是職場中不破的「真理」，是誰也無法改變的現實。有些下屬覺得不公平，覺得憑什麼自己辛辛苦苦的成果要讓給上司？其實只要換個角度想一想，這樣做再划算不過了，你讓名給上司，上司心中自然是有數的，事情過後上司也決不會虧待你。

社交陷阱

有些員工為了暫時的利益與上司爭功，在面對高層誇讚時不懂得謙讓上司，這就為自己日後的工作埋下了一顆不定時炸彈。可能當時你博得了高層的好感和同事的羨慕，但是你的上司卻因此臉上無光，對你多加防備，甚至處處為難你，對你的工作造成非常不利的威脅。

能力強的人對於上司交給自己的任務通常能很好地完成，但是卻在做出成績後得不到上司的認同和肯定，有時甚至招來上司的嫉恨和

反感。原因就在於他在面對功勞時不懂得避嫌，大大方方地接受高層的誇讚，讓上司在高層面前毫無表現機會，結果上司心裡不快，後果可想而知。

小崔是一個能力很強的員工，每次上司交辦的任務都能完成，在職場中也做出了成績。但是令他很鬱悶的事情是上司對他的態度越來越冷淡，而且交給他的任務也一次比一次更簡單，這讓小崔十分不解。在同事的提醒下小崔才知道了其中的原因，原來以前每次小崔在完成上司交辦的任務之後，因為業績突出都會引起高層的注意，而高層為了鼓勵他，就會當眾誇讚他，小崔的頂頭上司通常也在眾人當中，每當高層誇讚小崔時，他都毫不謙虛地全部接受，並沒有任何一次提及上司的幫忙。這讓上司所有的風頭都讓小崔占盡了，上司心裡自然不愉快。

小崔的失敗就在於，在功勞面前毫不謙虛，在高層誇讚時沒有給上司表現的機會，搶了上司的功勞。上司心裡不痛快，小崔當然也就失去了再一次能表現的機會。

詭計運用

在上司面前，拿到好成績要學會低調處理。適當地把功勞讓給上司，上司面子上好看了，才會對你另眼相看。把功勞讓給上司，上司對於你的貢獻心裡有數，也自然而然地會把「苦勞」留給你。這樣在日後的工作中，上司也會對你多加照顧，獲得了上司的認同和好感，工作也會更加順利。

在職場中，成績優秀、能力出眾，獲得高層讚賞並不是你的唯一制勝招數。在職場中，有時決定你前途的不是你的能力，而是為人處事的方法和態度。學會和上司分功，讓上司的面子和虛榮心都得到滿

足，你才能獲得更多表現的機會。

　　名校畢業的詠和來到一家公司工作，實習期間由於能力強，工作認真，在第一次完成上司交付的任務時，表現出色而獲得了不少的讚賞。公司高層在得知消息後，十分高興並親自對詠和的部門進行了表揚，詠和在接受高層的獎勵時雖然受寵若驚，但是很快就調整好了自己的心態，不急不躁地說：「主要還是我們部門的主管好，我剛從學校畢業，主管對我指導很多。這次如果沒有他的幫助，我是不會拿到這麼好的成績的。我只是做我應該做的事。」詠和在高層面前把功勞都讓給了上司，上司心情愉快，除了對詠和的表現十分滿意外，對他低調不爭功的表現更是讚不絕口，之後不久，詠和就轉為正職，正式成為了公司的一員。

　　把你的功勞讓給上司，上司自然也會把「苦勞」留給你。不要擔心你的付出沒有回報。上司在你付出之後，自然會給你相應的報酬。這也是我們職場想要追求的結果。

貼心忠告

❗ 1.不爭功不代表不努力

　　有些人會產生這樣的一種誤解：做出成績之後怎麼還那麼麻煩？那我乾脆老老實實地做好本分就算了。這是一種對自己很不負責任的表現，雖然在職場獲得成功不僅在於能力突出，優秀的進對應對能力也是職場生存的關鍵。沒有老闆喜歡工作不努力，沒有工作能力的員工。因此，想要在職場一路平順也要注意培養自己的專業能力。記住：努力不一定有收穫，但是不努力就一定沒有收穫。

❗ 2.苦勞是過程，功勞才是結果

在好不容易做出一番成績時，為人要低調，將功勞讓給上司，這樣可以更快地讓上司對你產生好感。但是你也要分辨清楚輕重緩急，不是永遠都要把功勞讓給上司。你付出的苦勞是成功的一個過程，在累積到一定程度的時候，你要將苦勞轉為功勞，由這些事所學到的經驗與你自己所達成的功勞才是最後的成就。

在獲得上司的認同和肯定之後，慢慢地施展自己的能力與才華，在做出一定成績後，如果上司的能力始終不如你，那麼你就要選擇時機一飛沖天，記住，先前的苦勞都不是你的目的，只有功勞才是你應該達到的最後目標。

維護上司的面子，就是鞏固自己的飯碗

　　常言道：「人要臉，樹要皮。」顏面代表了一個人的形象和自尊，所以人人都在乎自己的面子。在職場，良好的形象有利於一個人日後的成功，所以職場中的人更看重自己的顏面。

　　在一個公司裡，一個人的地位越高時，他的面子就顯得越重要，所以老闆比員工更看重自己的面子。在老闆出醜或處境尷尬時，你若能幫助老闆保全面子，這比你完成老闆交給你的任何一項工作都有功勞；反之，如果在本能幫助老闆避免丟面子的前提下，你卻束手無策，目擊老闆顏面盡失，那老闆必然心生不悅，即使他嘴上不說，心裡對你也不會有什麼好印象。作為下屬，想要在職場中游走自如就必須要懂得維護上司的面子。

社交陷阱

　　在職場中，上司的面子有時就代表著他在下屬面前的威嚴。如果在職場中直言不諱不給上司留情面，傷及到上司的威嚴，那麼你的飯碗也將難保。而且「面子」有時就意味著尊嚴，不給上司留面子，就是不尊重上司，這樣的結果也就不言而喻了。

　　上司十分在意自己在下屬面前的威嚴，特別是有眾多下屬在場

時，不給上司留面子就是傷及上司在下屬面前的威信。在公開場合，一般的上司都喜歡下屬恭維自己，討厭下屬搶鏡頭，爭功勞，而傷及自己威信和權威的行為在職場上更是不被允許的。如果不知輕重，在別人面前丟了上司的面子，輕者被上司批評，重者被打入冷宮，那你也就升職無望了。建佑就吃了這樣的虧：

建佑在工作上一直都十分努力，但是部門經理，也就是建佑的上司余經理卻經常怠忽職守，導致整個部門的業績一直拉不上去，所以建佑十分氣憤。

一天余經理召集開會，要大家探討業績拉不上來的解決辦法。還把責任都推到部門同事身上，於是建佑氣不過地說了幾句：「業績拉不上來怪誰啊？我們都在這裡加班待命，你在家裡睡大覺，你作為部門經理不去視察業務卻反而在家裡閒著，你說沒業績這能怪誰？」

余經理聽到這樣的言論氣得要命，於是兩人當著同事的面就吵了起來，恰巧公司老總路過，余經理就和老總說：「看這員工比上司都囂張！」結果老總就說了一句：「這是你領導的呀。」

第二天建佑就收到了被解雇的消息，雖然氣憤但也只能無奈地離開了公司。

這個案例中，看起來建佑並沒有錯，還是一個工作很努力的員工，但是為什麼卻丟了飯碗呢？原因就在於在其他人面前，建佑沒有給上司留面子，讓上司面子受損，他又怎麼會對建佑手下留情？

　　維護上司的面子，就是鞏固自己的飯碗，當你對上司有不滿或是上司出現錯誤時，要學會私下解決。寫一份意見書或裝聾作啞，裝作沒聽見或沒聽懂，給上司一個臺階下或是一個小提醒。用這樣的方式讓上司明白你的意思，可以更容易地贏得上司的好感和信賴。

　　下屬在給上司意見的時候要注意時間和場合，一定要記得留面子給上司。只有給上司留足了面子，才能鞏固自己的飯碗。那麼該如何做到這些呢？以下幾點供作參考。

　　（1）表明你對上司是善意的

　　善意的建議是出於對上司的關心和愛戴，是為了幫助上司做好工作。上司在明白這點之後不但不會對你產生反感，相反地，他會願意並理智地分析你的看法。

　　（2）表明你是尊重上司的

　　表明你對上司的尊重，你依舊服從他的權威，你的意見並不代表你在指責他，相反，你是為他的工作著想。這樣做其實就等於給自己留下充分的餘地，這樣就既不會讓上司覺得反感，也給自己留下了退路。

　　（3）表明我只是給了小建議

　　下屬都能給一定的建議，而上司仍保有最終決斷的權威。這樣做可以為自己留有餘地，做到進退自如，一旦提出的意見並不確切或不恰當，還有替自己找回面子的餘地。

貼心忠告

⚠ 1.與上司公私分明

　　雖然都是為公司工作，但是不同的等級就代表著不同的身份，上司之所以能為上司，肯定有他的過人之處。在工作中要明確你與上司的關係，上司就是上司，即使在生活中是很好的朋友，但在工作中也要有所顧忌。一旦把生活上的習慣帶到工作，不僅會影響你們的友誼，而且在工作上公私不分，也只會對彼此的工作都產生不良的影響。

⚠ 2.做好本職工作

　　作為員工，要做好你的工作。在職場即便是靠關係升了職或加了薪，那也會引起同事的不滿；不能和同事和諧相處，也會對工作產生不良影響。所以一定要做好本職工作，在這個基礎上才能被上司看好。而做好自身工作首先要弄清楚以下兩點：

　　◆ 你到公司的職責是什麼？
　　◆ 你為什麼要來公司工作？

　　明白了這兩點，記住自己的目標和職責，才能做好本職工作。

⚠ 3.上司更喜歡在工作中有作用的朋友

　　其實上司與下屬朋友關係的最佳體現，不僅是在下了班之後，更是要體現在工作之中。在平時的工作中為上司盡綿薄之力，排憂解難，這樣不僅可以讓你的工作能力得到體現，也讓你能有更積極的態度，讓上司覺得你是一個對他工作有非常多幫助的人，這樣不僅在生活中能夠獲得友誼，在職場中你也能得到上司更多的幫助。

「功」即便如喜馬拉雅山高，也不要「蓋」主

在生活或工作之中，人一旦做出一番成績時，就難免要居功自傲，但是後來我們發現這樣做的下場往往比無所作為的人更慘。古時候的韓信可謂功高蓋世，聲名顯赫還位高蓋主，但是最終下場可悲。韓信是劉邦的大將，為漢朝大業的開創立下了汗馬功勞，但因功高蓋主，引起劉邦疑心，最後被用計殺害了。

從韓信之死看來，有功之臣必須要學會遮掩自己的鋒芒，鋒芒外露就會招來上司的嫉妒。如果居功自傲，不但不能得到安寧，反而容易招來災禍。

在職場上也不斷在上演著功高蓋主而錯失大好前途的悲劇。初入職場的人才，往往都急於表現一下自己的才能，盼望儘快得到主管的認同，讓公司裡的人刮目相看。但與上司爭功奪利，這樣不僅不能達到預期目標，反而讓上司當成眼中釘。

社交陷阱

在職場中，才能出眾的人經常能獲得高層的讚譽。但是就算你才能出眾，氣勢壓人，經常能提出一些創新的企劃，也不要在初入職場時鋒芒太露，不把上司放在眼裡。否則讓上司對你產生了嫉妒之心，甚至讓你因此斷送大好前程。

初入職場的人，尤其是剛畢業的學生，都很有抱負和目標，認為做什麼事都要做到最好，越能展現自己的能力就越能夠得到上司和同事的認同。其實這種想法是不對的，因為你和你的同事和上司，在很多時候都處在一種利益衝突的關係之中，正所謂「職場如戰場」，如果你事事都搶先機，甚至能力和才華都超過了上司，那麼很容易就會引起上司的戒心和嫉妒，你的處境只會變得更危險。

　　成鴻是今年剛進入職場的畢業生，不過因為他做事能幹，認真好學，經常能夠提出一些意想不到的好企劃，使得他在同行之中處處占得先機，因此深得部門經理和主管的喜愛。主管更是處處關照成鴻，盡力地培養他。

　　在公司工作一年多以後，成鴻因工作表現出色而將被提拔為部門的副主管。同事們都替他高興，而這樣的功勞要歸功於成鴻的伯樂──部門的主管，正是因為有了他的一再推薦，成鴻才能很快地被公司提拔，晉升為管理階層的人員。

　　升職後，成鴻工作更加賣力，做事也顯得更為成熟。而這時候，主管與他相比，就顯得有些黯淡。在公司傳出經理要在年底退休，成鴻將有機會接替他的消息之後，成鴻開始感受到一些微妙的變化：一向很支持他的主管近來老是有意地跟他唱反調，對他的態度也有些冷漠，而且還經常有意無意地在經理面前說成鴻處事上有問題之類的壞話。最終因為主管的挑撥，成鴻沒能再次獲得升遷的機會。

　　如果成鴻能夠低調，學會韜光養晦並和上司搞好關係，打消上司的戒心，那麼機會就不會在上司的干預之中溜走，正因為成鴻的功高蓋主，上司才對成鴻多加防備，在經理面前將成鴻打入冷宮。

詭計運用

初入職場時要注意：不論你有多聰明，學歷有多高，都要學會韜光養晦、低調做人。收斂自己的銳氣，主動學習，有成績時戒驕戒躁，這樣才能消除上司的戒心，持續獲得上司的重視和賞識。

在職場中，做任何工作都不要鋒芒太露，適當地展現自我才華，可以給上司和同事留下良好的印象，但是如果超出一個限度，甚至招來上司的嫉妒時那就可能會影響你的光明前途。工作是靠團隊合作共同完成的，只有在工作環境和諧平衡的情況下，團隊才能做出更好的成績。若你太過表現自我，甚至功高蓋主就會打破這種平衡的狀況。想要獲得長久的發展就必須讓上司、同事消除戒心，要懂得先保護自己，收斂銳氣，等待時機，這才是職場長遠之道。

職場新人若想要遮掩鋒芒，不引起上司的嫉妒就要做到以下幾點：

（1）先調整現實與理想的差距

剛進入公司時，很多職場新人都抱有相當大的抱負，但是現實總是比理想要殘酷得多。所以要學會調整現實與理想之間的差距，當在職場遇到困難或不快時要以平常心面對，要找出平衡理想和現實的方法，在不違背自己道德的基礎上縮短兩者之間的距離，在某些可以妥協或讓步的時候，適當放低自己的姿態，如此才能夠走出一條自己的光輝職場之路。

（2）與上司常溝通

團隊合作是任何一個企業的原則要求，職場新人也要注意團隊的影響。當你工作產生不滿或抱怨時，這種情緒可能就會在無形之中影響了整個團隊的合作氛圍，一旦上司感覺到你的惡劣影響時，後果是

可想而知的。而且上司一般不會找你談話，一旦找你談話，肯定好事不多，所以最好主動找上司或主管溝通，以便在溝通之中對自己有個清晰的定位。

經常與上司溝通也可以知道你工作中的不足之處，瞭解上司的態度，從而調整自己的做法，這樣就可以避免引起上司的不滿，在引起上司的戒心時也會有所察覺，能及時調整自己的態度。

（3）向上司虛心求教以消除對方戒心

想要消除上司的戒心，虛心向上司求教是一個好辦法。這樣的做法不但可以消除上司的戒心，而且還能滿足上司的虛榮心，讓上司感受到你的尊重和崇拜，能激起上司栽培你的欲望。一旦得到上司的重用，那麼你的職場之路就會更加地平坦和廣闊。

貼心忠告

❗ 1.隱藏鋒芒但不要自我制約

在職場中的表現不能太突出，不能太過「功高蓋主」，但這並不代表你得自我制約，對每個有上進心的職場人來說，得到晉升是每個人都渴望的目標。韜光養晦是為了等待時機，而不是一味地制約自己，約束自己的行為會使自己處處碰壁，才能得不到發揮，長此以往，給老闆留下一種才能平庸的印象，那只會為你的晉升之路增加阻力。

❗ 2.假意裝傻讓上司更反感

上司們大多不喜歡那些能力過人、技高一籌的下屬，太過鋒芒外露會讓他們覺得刺眼，但是若為了遮掩自己的鋒芒，故意在上司面前裝傻，被

識破時你將更難贏得上司的好感。如果你對上司的的命令明明已經很清楚了，但為了顯示自己的「愚鈍」，還是不停地詢問上司的意思，這就很容易引起上司的反感。一個讓上司感覺溝通費力、愚蠢虛偽的下屬，很難獲得上司的重用。

🔔 3.留足面子，非工作場合也不能贏過上司

即使在非工作場合，你也要給上司留足面子，儘量配合上司，讓他能夠感覺到自己比你優秀。例如：聚會上和上司玩遊戲、打麻將，你要隱藏自己的專長，讓上司贏，讓上司感受到優越感，那麼你將更容易贏得上司的好感。

上司口中雖然說著不在乎，但是如果你能在娛樂中為上司留點面子，讓上司享受到另一種方式的優越感，那麼上司在高興之餘也會更加喜歡你。雖然說表面上不要贏過上司，但不需要做得過分刻意，只要抱著讓上司開心的心態去配合，多半就足夠了。記住，多餘的諂媚奉承，看起來只是更像手法低劣的拍馬屁罷了。

Point 6

絕不能替上司拍板，但要隨時恭候上司視察

　　作為下屬，在職場中想要成為上司的得力助手，就必須先掌握辦公室工作的特點，要明確自己的位置，更要有作為下屬的意識。許多人在職場中一旦交出了亮眼的成績單，獲得了上司的器重，就覺得飄飄然，當上司交付自己一些重要的任務時，就覺得同時也是賦予了自己做決策的權利。

　　但是作為下屬一定要記得：「無論什麼時候都要知道分寸。」有很多職場新人都有這樣的毛病，在不該說話的時候說話，在不該做主的時候做主。好像在他們看來，上司的信任就是給了自己權利，同時他們認為這樣做是對的，於是就直接這樣做了，並沒有徵求上司的同意，並且也不顧忌上司的想法，這在職場絕對是一大忌諱。

社交陷阱

　　雖然有些上司對自己身邊的親信或得力助手都比較依賴，但是不管他們怎麼依賴你，他仍然是你的上司，在工作出現問題時還是他來承擔公司的風險，而不是你負責。因此在工作時，即便你是一個很好的決策者，但到最後還是都需要上司點頭之後才能實行。否則，輕則引起上司的不滿，重則破壞上司的計畫，影響整個工作團隊的進度。

公司是個團隊，每個人都有不同的職責和權利。作為上司，除了平時的基本職責外，還需負責整體團隊工作的運行和策劃。所以在平時的工作中，不要認為上司交給了你一項重要的任務，你就可以憑藉著自己對這項任務的熟悉度，而自作主張地做出一些決策。可能上司正在策劃一些方向上的變動，如果你自作主張，替上司拍板，那很可能就破壞了上司的整體計畫，這樣的結果可能使得公司的利益受到損失，而上司對你的看法也就可想而知了。

婷如是個非常優秀、工作能力很強的員工，在公司中也頗得上司的賞識。而上司出於對她的栽培，也經常交給她一些比較重要的工作任務。一次公司裡忽然來了一通由上司直接負責的貿易供應商的電話，而上司恰巧因為出差不在公司，所以婷如代接了電話。當對方詢問雙方合作事宜時，婷如因為自己平時一向幫上司辦事，自認非常明白要領，於是就自己處理掉了。

當上司出差回來後，婷如向上司報告了這件事，原以為會受到上司的表揚，結果上司卻對婷如大發雷霆，這讓婷如十分委屈，但是在瞭解事情的始末之後，她感到十分懊惱。

原來，上司這次的出差就是特地去跟另一家供應商談合作，正打算換掉原來的這家，這件事還在秘密進行當中，而婷如卻自作主張地替上司答應了這一頭的供應商，正好壞了上司的計畫。最後公司因為婷如的自作主張損失了幾十萬元，而婷如也因此而觸怒了上司，此後上司就再也沒有交給婷如任何重要的工作。

這個案例告訴我們：作為下屬要有下屬的意識。要記住自己的職責和地位，想要憑藉自己的能力和上司的器重而越權替老闆拍板，最後就要付出相應的代價。

作為上司最怕的就是無法掌握手下的員工在做什麼，當上司對你產生了疑慮，而你又偏偏愛越權幫他處理事情，那又怎麼可能會贏得

上司的心呢？上司一旦產生要被你爬到他頭頂的想法，那先出局的那個人一定是你。

詭計運用

在工作中，要清楚地認知自己的位置。記住：再開明的上司，包容心也是以公司利益為前提的。上司就是上司，即使平時對你的工作很滿意，也願意交付你一些重要的工作，但是作為員工，應該先學會順從，不要自作主張，要把做決定的最後權力留給上司。具有這樣的意識，用這樣的認真態度工作，最終才能得到上司的信任。

相信不會有上司喜歡自作主張、替老闆拍板的下屬。一方面這種行為可能導致公司的利益受到損失；另一方面也是最重要的，上司會把下屬的越權行為和對自己的態度做連結。一旦下屬有越權的行為，替自己做了決定，上司就會認為這是對自己的不敬，自然也對下屬產生戒心。

在職場上，尤其是一些比較急迫的事情，上司不在公司，但是又要急著做出相應的回應時，如果你的上司將事情交給你做，但是沒有給你充分的授權決定時，你一定不要自做主張。

如果事情比較急，你最好馬上電話聯絡上司，或者是和對方表明，上司不在，等上司做出回應第一時間會再和對方聯絡。例如：「不好意思，我主管正好因公事外出了，我立刻跟他聯絡，請您稍等，我會儘快回電。」

如果對方表示情況緊急，需要你馬上給予答覆，或是你與上司沒聯絡上，這時也不要著急，可以找其他上司商量，最後把決定權留給其他上司，這樣事情決定之後，即使上司不滿意，也不會牽連到你身

上。

　　總之，上司負責的事，你不能擅自決定。即使你是想「好意」做些好事，最後也可能事與願違，反而給自己帶來極大的麻煩，使自己陷入「好心被雷親」的困境。

貼心忠告

1.多聽取上司建議

　　當自己想出一個很好的方案或建議時，要記得多與上司交流。但是要記住：向上司提建議是「獻策」，而不是「決策」，哪怕你認為你的方案是最好的，也要聽取上司的意見。因為在公司中地位等級的不同，在考慮問題時也會有著截然不同的出發點。

　　在提意見時，聽取上司的建議，可以讓你的方案更加完善，也能讓從上司身上學到職場中的潛規則，有利於你個人的發展，也有利於給上司留下一個謙虛好學的印象。

2.當個稱職的綠葉

　　身在職場，在上司面前積極表現這無可厚非。但是在你展現自我能力時，如果偶爾在上司面前當綠葉，不僅能消除上司的戒心，也能獲得上司的好感。

　　在職場中，該表現的時候要盡力展現自己的能力，而該襯托上司的時候一定要把機會讓給上司，當個稱職的綠葉，懂得收放自如，這樣才能在職場中馳騁萬里，而不是為自己頻繁找來麻煩。

INTERPERSONAL MIND TRICKS THAT EVERYONE KNOWS BUT YOU

若即若離，有距離

與同事相處的心理詭計

不與上司面前的「紅人」爭寵

　　職場中有這樣一種人：他們終日不敢懈怠地認真工作，總是盼望著有一天能被上司看重並贏得上司好感，但是結果往往不能如他們所願；同時，職場中還有這樣一種人：他們一邊努力工作不斷提高業績，一邊主動與上司們打好關係，想盡辦法贏得他們的好感，此後他們便成為了上司眼中的「紅人」，而加薪、升職也多半有他們的份。

　　前者常常被同事忽略，但是後者卻能成為上司眼前的「紅人」，於是有些同事在看到這些「紅人」佔有便宜之後，嫉妒心使然，他們就會想「與紅人爭寵」，殊不知，這樣的做法不僅不能為自己爭取到什麼，反而會降低上司的好感度。

社交陷阱

　　能成為上司面前「紅人」的下屬都有過人之處。當你與他爭寵時，為了保住自己的地位他自然會反攻，而上司出於習慣或個人愛好，往往對「紅人」多一些信任，如此就會讓你陷入一個不利的狀況——輕則受到他人排擠，重則喪失上司對你的信任。

　　職場中有著各式各樣的同事，有的安分守己，有的能力超群，有的踏實認真。但是最讓人羨慕的就是上司面前的「紅人」，他們在工

作中總能得到上司的幫助和稱讚。有些人為了想獲得和他們一樣的特權，就開始與他們爭奪上司的寵愛，但是這種做法往往不能達到理想目標，反而會對自己的工作產生不必要的影響和帶來額外的麻煩。

能完成一件工作一定是同事之間共同合作的結果，而不是靠某個人、某個部門的一次設計、一個創意就能簡單達到的。上司面前的「紅人」必定有他的過人之處，所以才能得到上司的器重和信任。當完成工作之後，你與上司面前的「紅人」爭寵，搶奪功勞的時候，上司自然相信「紅人」多一些。而對於你，也許是上司不夠瞭解，也許是出於某種私心，總之你這樣的行為只能給上司留下爭功奪利的負面印象，這對於你的職場之路只會產生不利的影響。

詭計運用

同事之所以能得到上司的喜愛和信任，自然有他的厲害之處。所以你不僅不能與他爭寵，而且還要和他打好關係，甚至是放低身段向他學習。在職場一定要記住：搞定上司不是你唯一的招數，學會與上司面前的「紅人」相處、不和這樣的人搶功勞、知趣地把自己放在正確的位置，才能贏得上司的好感。

職場中與上司相處融洽不是你馳騁職場的唯一方法，贏得上司好感的前提是要維繫好你與同事之間的關係，而善於與上司面前的「紅人」打交道，更是你職場必學的技巧之一。

（1）虛心向「紅人」學習

在與「紅人」相處時，你要注意自己的態度，與其羨慕他，不如做好你自己的本職工作。在必要時向「紅人」虛心學習，不僅能給對方留下謙虛的印象，還能增加對方對你的好感，這樣在學習當中，不斷地進步，不斷充實自己，累積自己的實力，總有一天你也能吸引上

司的目光，躋身紅人之列。

（2）學會讚美，拉近與「紅人」的距離

讚美是一種行之有效的社交技巧，學會讚美能夠拉近你與「紅人」之間的心理距離。

在職場中你不僅不能表現出對「紅人」的反感和厭惡，反而應該學會讚美和肯定「紅人」的付出和成績。這樣不僅「紅人」對你沒有敵意，上司也會因為你的謙虛大度而肯定你。

（3）滿足「紅人」的虛榮心

人人都有虛榮心，不要認為只有上司的虛榮心才重要，上司面前「紅人」的虛榮心也同樣需要得到滿足。在「紅人」面前可以適當地低調一些，即使你有能力，也要學會適當隱藏。尋找時機，當「紅人」的虛榮心得到滿足後，自然會放鬆對你的警戒，這時你如果能夠把握機會，做出成績，上司肯定對你刮目相看。

貼心忠告

❗ 1.職場自信讓你更具魅力

做什麼事都要對自己有信心，不要因為別人說了什麼，你就不敢去做，更不要活在別人的觀感中。面對上司眼前的「紅人」，不要認為你就比他差，這只是時間的問題，他也許只是比你提前了一步而已，所以不要懷疑自己的能力。

你除了做好自己份內的工作之外，在平時的工作相處中要面帶微笑地與同事打招呼。俗話說：「伸手不打笑臉人」你的笑容可以給別人帶來愉快的心情，給自己帶來好的人緣關係，這也是一種自信的表現。這樣的為

人處世可以讓你更具職場魅力，有了好人緣，業績自然也就會隨之而來。

2.「紅人」面前不卑不亢

不是一味地諂媚就能讓你與「紅人」相處融洽，在與「紅人」相處時，你應該有不卑不亢的態度和舉止。過分地放低自己的身價就有諂媚的意味，會讓對方覺得你沒有自尊，就更難以對你尊重。工作時要勇於提出自己的意見，對自己的利益要勇於爭取，這樣才能在工作中建立自己的形象，找到自己的位置。

3.避免與「紅人」發生直接衝突

工作中當你與「紅人」的意見出現分歧時，應避免與他發生正面衝突。在職場上給他留足面子有利於你和他的和諧相處，否則，讓他在人前丟了面子，他很可能伺機報復，而他的特殊身份也會影響上司對你的態度和看法。

4.成為上司面前下一個「紅人」

不要一直停滯在如何與「紅人」相處的問題上，這裡要提醒大家的是：成為上司面前的「紅人」才是你的最後目的。除了羨慕和嫉妒他們之外，你也要提升自己的能力，吸引上司的眼球。引起上司的注意你才能成為同事們羨慕的對象。

除了與「紅人」搞好關係外，下面的技巧也能讓你更快成為上司面前的「紅人」。

◆ 認同上司的做法，投其所好。

◆ 觀察上司的生活細節，瞭解上司的性格特色。

◆ 搶先一步揣摩出上司的意思。

◆ 與上司交流時要意思表達流暢，可以先擬定草稿。

2 同事≠朋友，私事最好不要與同事討論

　　朋友是人生路上與你攜手並肩的人，是危難時刻為你伸出援手的人，是情緒低落時為你擦乾眼淚的人；而同事是在同一公司工作的人，雖然同事之間可以相處融洽，甚至默契十足，但同事就是同事，不是朋友，如果你為了拉近距離而錯把同事當朋友，那麼就會給你帶來不必要的麻煩。

　　交朋友除了志趣相投之外，忠誠的品格是最重要的。一旦彼此相互選擇，那就要彼此信任，忠於友誼就是雙方的責任。而同事則不同，一但涉及到雙方的利益或工作，那彼此之間就會成為潛在對手，所以同事之間很難成為知心朋友。

社交陷阱

　　職場上，最可能出賣你的那個人就是知道你的秘密最多的「密友」。要知道：同事之間除了合作夥伴關係，還是潛在的競爭對手。當工作時利益發生衝突時，平時所維持的「朋友」關係就變得搖搖欲墜，而你所告訴同事的私事也會成為對方手上的把柄。

　　同事，同事，僅是共同做事，即使是平時相處得再融洽，在工作中配合得再有默契，也不能把同事當成知心朋友一樣的對待，更要避

免把自己的私事告訴同事。因為同事之間只有利益相同的時候才能成為「戰友」，而彼此之間一旦出現利益紛爭，就會瞬間成為敵人。別人對你的事情越瞭解，你的勝算也就越低。小宇就吃過這樣的虧。

小宇是公司的一名新員工。在剛進入公司時由於要熟悉業務，於是公司安排了一位老員工——老韓來指導小宇。在工作上，老韓對小宇確實幫助很多，而小宇也因為逐漸適應了工作而才華畢露。這不僅引起了上司的注意，同時也讓老韓起了戒心，而小宇對老韓心裡的變化卻絲毫沒有察覺，由於平時工作老韓經常熱心幫助小宇，於是小宇就把老韓當成是大哥一樣對待。

在平時下班後小宇經常與老韓去喝酒，在酒桌上小宇常把平時工作中的不順和生活中的煩惱向老韓傾訴。一次小宇在老韓面前提到自己的哥哥是做A名牌服裝的代理商，自己平時的衣服都是哥哥那裡拿來的，不僅品質好而且價格也相當便宜。

讓小宇沒想到的是，之後在他上班時經常有同事來找他，向他提出要團購A品牌衣服的要求。剛開始時小宇不想因拒絕同事的請求而弄僵與同事的關係，所以對同事的要求都儘量滿足，但是後來來找小宇幫忙的同事實在太多，哥哥的服裝店也無法承受小宇這樣多次的團購，小宇也因此大為頭痛。在小宇拒絕了同事的多次要求後，同事對小宇的態度就出現了明顯的不同：有的同事不屑小宇的行為，有的甚至暗地裡找小宇麻煩，最後小宇竟然因此莫名其妙地就丟掉了工作。

小宇可以團購A品牌衣服的這個消息顯然是老韓透露出去的，知道的人越多，對小宇的壞處也就越大。老韓作為老員工自然不希望有比自己能力強的人來搶自己風頭，所以就導演了這樣的戲碼。

詭計運用

所謂「害人之心不可有，防人之心不可無」，這在職場上是永遠的準則。有些同事在某些時候可以在工作時幫助你，但是切記：「同事不等於朋友。」在生活上要與同事保持適當的距離，自己對同事瞭解的越少，煩惱也就越少；不與同事談及自己的私人生活，也就等於保護了自己。

同事關係相處融洽本是好事，但是要記得過猶不及的道理，在工作時可以與同事默契良好，但在生活中就要與同事保持適當的距離。不把私事告訴同事就是不給人把柄，這樣既能保護自己，也能在職場中穩定個人地位。

雅音在台北一家電子公司工作。她雖然年紀不大，但是在公司卻稱得上是一位老員工了。台北是大城市，公司內的員工流動率也很高，而雅音卻能在職場中站穩了腳跟，別人羨慕她的穩定，她卻有著自己的一套職場理論。在雅音剛剛進入這家新公司時，就對自己訂下了五條守則：

◆ 不要跟同事做朋友。

◆ 除了工作以外，私下不跟同事過分親近。

◆ 在工作中不談個人事情，下班後不談工作事情。

◆ 不允許自己強求同事，也不允許同事把個人意志強加到自己頭上來。

◆ 不參與對上司對同事的評價，並拒絕對職場內的其他人進行評價。

在一年多後，就是這樣的五條守則讓雅音慢慢地在公司中站穩了腳。看到自己身邊的同事來來去去，換了幾批人，但雅音不但沒有離

職的擔憂，並且在進入公司的第二年裡還獲得了升遷的機會，這五條鐵律可謂是最大功臣。

貼心忠告

🛈 1.不與同事交心，但也不能與同事為敵

雖然同事之間關係不能走得太近，不能與同事交心，但是值得強調的是，也不能把同事放在敵對的位置上。在公司，千萬不要得罪同事。因為同事是你工作環境的一個重要部分，你們不僅需要每天在一起工作，而且在生活中也可能會遇到，如果同事之間出現隔閡，不僅會影響工作的正常進行，而且結下心結的話，還可能造成你生活上的困擾。

當你把同事放在仇視的位置上時，對方也不會對你多友善，遇到心胸狹小的同事還可能會想盡辦法對付你，所以不能與同事樹敵，當和同事發生矛盾時，不妨坦白直言或裝一下糊塗，當你展現了自己的坦誠或示弱之後，與同事的矛盾自然也大事化小，小事化無了。

🛈 2.私事也分等級

有些私事不能說，但有些私事說說也沒有什麼壞處。例如你的男朋友或女朋友的工作、學歷、年齡或性格脾氣等……如果你結了婚，有了孩子，就有了關於丈夫妻子和孩子方面的話題，在工作之餘這些都可以順便聊聊，它可以找出你與同事間的共通點。

與同事相處，關鍵在於把握好一個「度」。無話不說，通常表明感情之深；有話不說，自然表明人際距離的疏遠，你主動與同事說些沒什麼大礙的私事，同事也會向你聊聊，有時還可以互相幫忙，若你什麼也不說，

對生活中的事絕口不提，就很難獲得同事的信任。

⚠️ 3.逾越他人安全底線的大忌

辦公室是個特殊的環境，大家往往既是同事關係又是朋友關係。如果處理不當，很多看起來不起眼的「小事情」 就會毀壞看似春風過水無痕的人際關係，而影響到正常的工作氛圍和團隊合作。以下幾點是容易逾越對方安全底線的大忌，如不遵守，那再熟悉的同事也有可能因此變為最熟悉的陌生人。

（1）切忌以同事的痛處來開玩笑，這就好比揭人傷疤。

（2）儘量不要在人多的時候問同事的私密問題，這會讓對方顯得很尷尬。

（3）可以嘗試把對方的缺點說成優點，例如把肥胖說成福態，把瘦小說成靈活等。這樣也能給對方一些心理安慰。

（4）過度關注他人隱私。每個人都有屬於自己的私密空間，請不要輕易涉足，記住職場不是娛樂圈，你也不是狗仔。

（5）在背後議論同事是非。職場並不是一個密不透風的環境，你的一舉一動都有可能成為別人的把柄。

（6）向同事借錢。原本友好的同事關係一旦牽扯到利益，就容易變質。

（7）肢體接觸過於密切。切忌因為關係密切了就對人「動手動腳」，這是極其不禮貌的。

每個人心裡都有一條安全底線，距離因人而異。所以職場人士在與同事的日常交往中還需學會把握分寸，即使再熟悉，也記得留意腳下那條不可逾越的安全線。

謹記一視同仁，切莫厚此薄彼

　　同事的能力有強有弱，地位有高有低，即使是在做同一件工作，能力高的同事也做得比別人完美，總能獲得上司的稱讚，在上司心中贏得比他人相對較高的地位。

　　作為那些能力較強，在上司面前比較受寵的同事，難免有人追捧。這就出現了一種情況，這也是職場中常見的現象——有些人只和能力優秀或氣味相投的同事親近，而冷落其他同事，這樣的做法很容易導致小團體的出現。一旦出現小團體，難免引起上司和其他同事的關注和警戒，這對於你職場的正常發展很不利。況且只與能力優秀的同事親近，會給其他同事留下「欺善怕惡」的印象。

社交陷阱

　　在職場中，沒有絕對的強者，也沒有永遠的弱者。如果你在職場中在心裡把同事劃分成三六九等並且以不同的對待方式，那麼你的這種態度會被弱者痛恨，同時也不會真正被強者接納。如此就會把自己推入一個進退兩難的地步。

　　人各有各的長處，也許他在職場中工作能力不強，但是卻善於交際；也許她與同事相處不融洽，但是卻贏得上司的重用。在職場中，能力和業績不是衡量一個員工是否優秀的唯一標準。在工作中只親近

能力優秀或氣味相投的同事，就會在無形之中得罪其他同事，影響你的職場生活。

　　宇恆在工作中非常善於察言觀色，而且思維靈活，能夠領悟他人的意思並及時做出最適切的舉動。但是已經進入公司兩年的宇恆依然沒有得到晉升的機會，仍然在公司最底層做事，這讓宇恆十分懊惱和沮喪。直到有一天，宇恆在茶水間無意之中聽到了一個老員工對一個新員工說出自己的問題，這才使得宇恆恍然大悟。原來問題就出在他與同事交流的態度上。

　　宇恆一直認為，在工作中，只有能力強的人才能成為自己職場中的助力，所以他一味地與能力強的人親近，而冷落能力一般的同事。漸漸地，他不僅沒有為自己的工作增加助力，反而因此而失去了同事的好感。而強者也因為他的目的性過強也不願接納他，弱者更是因為他的冷落而心懷不滿，每當有升職的機會來臨時，他都會因為過不了同事這一關而擱淺。

　　宇恆的失敗就在於：「他看輕了同事的力量。」在與同事來往中，他始終抱有很強烈的目的性，這讓同事們產生了戒心而不願接近他。

詭計運用

　　在職場中，工作能力並不代表一切，態度也非常重要。在職場中對同事一視同仁，用謙遜的態度對待身邊的每一位同事，會讓你受大家歡迎。也許在你困難時，唯一幫助你的就是那個經常被其他同事欺負，而你卻一直微笑面對他的那個同事。

　　職場是個大環境，同事之間相處融洽，心情才能舒暢，和每一位同事關係友好也意味著給自己營造了一個良好的工作氛圍，更能充分

地發揮你的潛能。用充滿善意的方式來表達自己，別人也會以同樣的方式來回報你。

在工作中一視同仁，與同事相處不厚此薄彼，這樣才能讓你擁有更好的人際關係。那麼該如何做到這一點呢？以下幾點可以為你帶來幫助。

（1）在職場中互相尊重

每個人都希望能有更多的自我表現機會，如果這種願望能充分地得到滿足，就會產生一種動力。尊重你的每一位同事，讓他感受到你的友好與熱情，你才能得到他們同樣的回報。不要小看職場中那些安分守己的同事，尊重他們可以更好籠絡他們的心，因為其他同事的忽略與你的尊重在他們心中形成了明顯的對比。

（2）平等贏得人心

平等待人是一種美德。無論我們擔任什麼職務，從事何種工作，獲得何種成就，都不應該自傲自大，輕視別人。平等待人是做人的基本準則，也只有來往的雙方處於平等的地位才能贏得人心。

在與同事往來時，更應該用不分你我地對待每一位同事。要自尊而不驕傲；尊重別人而不諂媚，受惠於人也不形成依賴。若同事批評別人，你也要以誠相待、忠言誘導；若你受人批評，則要虛心思考，即使對方的批評有失偏頗，也不要耿耿於懷，只要對方是出於真誠目的就不要斤斤計較。同事往來，只有相互平等，才有真正的彼此尊重。

（3）擁有謙虛豁達的態度

在人際交往中，謙讓而豁達的人總能贏得更多的朋友，而那些妄自尊大的人卻常常使自己走向孤立無援的世界。

在工作中與同事相處，謙虛是職場的生存之道。千萬不能為了突顯自己而一再地炫耀成績，更不能為了表現自己而老是把曾經的輝煌

掛在嘴邊，或在無形之中貶低別人來抬高自我身價。這樣不僅會讓人生厭，還會讓人看不起，更嚴重的是你可能傷害到某個人，而讓周圍的人逐漸地遠離你。

（4）不要太計較個人得失

一些人與同事處不好，是因為過於計較自己的利益，時間久了難免引起同事們的反感。事實上，太過追求個人利益未必能帶給你多少好處，反而讓自己身心疲憊，失去了良好的人際關係，可謂是得不償失。

在職場中，例如部門裡分東西不夠時少分了些，一些榮譽職位多讓給即將退休的老同事，再如與其他人共同分享一筆獎金或是一項殊榮等都是如此。如果對那些渺小的、不大影響自己前程的好處多一些謙讓，那麼這種豁達的處世態度就能夠增添你的人格魅力，給你帶來更多的「回報」。

（5）工作時多一點樂觀幽默

如果從事單調乏味或是較為艱苦的工作，千萬不要讓自己變得灰心喪氣，更不可與其他同事在一起哀聲歎氣，而要保持樂觀的心境，讓自己幽默起來，如果是在條件好的工作崗位上更應該如此。因為樂觀和幽默可以消除彼此之間的敵意，更能營造一種親近的人際氛圍，並且有助於你自己和他人變得輕鬆，消除工作中的勞累。如此，在大家的眼裡你的形象就會變得可愛、容易讓人親近。

（6）多聽取同事的意見

在工作中多聽取同事的意見，可以讓同事感受到你的尊重。在工作時你不可能那麼周全，聽取意見可以讓你的工作更加完美，在能力和經驗提高的同時，還可以獲得同事的幫助與指導。一舉兩得，何樂不為呢？

貼心忠告

❗ 1.太好說話容易被忽略

對同事一視同仁，與同事和平相處，不代表你就要對同事低聲下氣。在職場中為了贏得良好的人際關係，你要對同事一視同仁，但是不能太過平易近人。太好說話或太過平易近人，沒有自己的主張，這樣毫無特色的表現很容易被同事所忽略，一個可有可無的職場同事很難贏得大家的歡迎和喜愛。

❗ 2.不同的同事，不同的對待

你對同事要有一視同仁的態度，但不能用一成不變的原則和方式。人各有性格，每個人的處事方式和性格特色都不相同，想要贏得同事的好感，你就要先認清同事的性格，並根據不同的性格選用不同的語言和方式。例如：對於不善言辭的同事，可以在生活中多與他進行交流，並儘量多發揮你的好口才；對好大喜功的同事你可以採用「猛誇猛讚」的讚美之詞等。

❗ 3.有區別地一視同仁

雖然我們在工作中對同事採取一視同仁的態度，但是在心裡你要知道：哪些同事是你可以真心對待的；哪些同事是你要多加防範的；哪些同事只是泛泛之交的……。

你在心裡對同事要有明確的評價和瞭解，不要只是一味地付出，辨識對象後的付出能讓你贏得更多的回報。

Point 4

離口是心非的同事遠一點

　　「路遙知馬力，日久見人心。」可見人與人的交往不是一朝一夕的事。在社會中，人與人的交往也都是互相的，如果只想著以謀害別人獲得利益，那麼最終會害了自己。害人者在把別人推向危險時，自己也是很難脫離關係的。

　　常言道：「害人之心不可有，防人之心不可無。」社會上人與人的交往，毫無防備會讓自己吃虧，人心永遠是難以捉摸的，所以對人對事都不可輕易相信，要有保護自己的意識。這樣才能讓自己免於傷害。

　　口是心非的人最善於勾心鬥角。因為他每天都在思考如何應付別人，行動上又如何去算計別人。與這種人為伍是非常危險的，因此在職場中對於口是心非的同事，要做到敬而遠之，保持距離。

社交陷阱

　　口是心非的同事往往居心叵測，笑裡藏刀。工作上沒有能力，但是在挑撥是非上卻很精通。他們不靠實力做好自己的本職工作，卻把心思全用在埋頭苦幹且缺乏防範意識的同事身上，總想要踩著同事的頭而達到自己的目的。與這樣的人親近，最終受害的只是自己。

口是心非，顧名思義就是嘴巴說的和心裡想的不一樣，試想一下，這樣的人是多麼地虛偽。口是心非的人為了掩飾自己內心的想法，必然要用謊言去應付別人，很多時候，這樣的人做事都是出於為自己的利益著想，所以他們在與人相處時，多半是不誠心的，而且善於挑撥是非，做事笑裡藏刀，往往表面非常友好，但是不要被他們的表面所迷惑。

　　小張與每位同事都相處得很融洽，但是同事們背後卻都不怎麼喜歡小張，這是什麼原因呢？原來，小張這個人雖然表面上對每位同事都相當友好，但是卻在工作上沒有什麼大的成就，而且對同事總是當面讚賞，背地裡卻說同事的壞話。

　　曾經一位姓李的同事和小張走的很近。一次小李在工作中犯了錯誤，在面對上司的批評和同事的嘲笑時，小李雖然表面上態度謙虛並誠懇地承認了錯誤，但心裡卻對上司和同事的行為十分不滿。下班後小李和小張出去喝酒，小李在喝酒時向小張訴說了自己的苦悶，在言語上對同事和上司十分不敬，小張在聽小李抱怨時表面上對小李十分同情，讓小李覺得找到了知己，於是說話就更加無所顧忌，抱怨過後，小李的心情也愉快了起來。但讓小李沒想到的是：小張在第二天上班的時候，就把小李的抱怨告訴了同事和上司，導致同事和上司對小李的態度明顯地變冷淡。最後小李因遭到同事的排擠和上司的刁難，不得不離開了公司。

　　丟掉工作的那位同事就是沒有認清小張的真面目，所以才將小張當成了知己，傾訴自己的煩惱，最後導致自己的抱怨被小張散佈到公司，雖然後悔但是為時晚矣，最終丟掉了自己的飯碗，這就是口是心非同事的可怕之處。

詭計運用

　　與口是心非的同事走得太近，就像是在職場中給自己埋了一顆不定時的炸彈。為了自己的職場安全，要遠離口是心非的小人，遠離唾沫四濺的大嘴。所謂：「說者無心，聽者有意」，斷章取義的人比比皆是，所以管好自己的嘴巴也是十分必要的。

　　雖說與口是心非的同事要保持距離，但是作為同事，在工作中自然是不能避免要有所接觸。而且「人心隔肚皮」，如何才能既不傷和氣，又能使自己遠離傷害呢？

　　（1）辨別小人最重要

　　人們在職場中表現得口是心非，可能是因為要面子或者想掩飾自己脆弱的一面，這無可厚非。但是具有以下特徵的同事你可就要遠離了。

　◆善於察言觀色，無中生有。

　◆善於捕風捉影，煽風點火。

　◆善於搬弄是非，八卦不斷。

　◆喜好到處傳播「小道消息」。

　◆喜歡向上司打小報告。

　　具有這些特徵都是非常危險的，在職場中要及時認清並遠離帶有這些特徵的同事，這樣才能保護自己不受波及。

　　（2）做事要有自己的判斷

　　當你清楚地認識這種人的特徵之後，在與之來往時一定要提醒自己不要輕易地相信他的話。做事要有自己的判斷，他說的話的真假，只有經過你自己的判斷才能得知。當他向你透露誰在背後說你的壞話或是誰在背後找你麻煩之類的話時，不要輕易相信。正確看待他人的

言論，做事有自己理性的判斷，這樣可以避免不必要的麻煩和誤會。

（3）管好自己的嘴巴

在職場中生存就要學會保護自己。要知道「言多必失」，和口是心非的同事來往更要嚴守這原則。你不說，他就沒有可乘之機，所以管好自己的嘴巴也就是封上了他的嘴巴，這樣才是最安全的。

（4）遠離他的利益圈

此類人的動機多是因為利益的驅使，所以遠離他們的利益圈，就是遠離麻煩。如果你從他們那裡獲得了一點好處，也就意味著在不久的將來你將會失去更大的利益，因為他們在利益受損後一定會要求加倍回報，最終你就只能因小失大。所以遠離他們的利益圈，不要和他們有利益上的瓜葛，這樣才能遠離他們的惡意找碴。

貼心忠告

❗ 1.以友善的態度與對方相處

雖然工作中與同事不可避免地要有所接觸，但是對於此類同事來說，卻要儘量保持距離，前提一定是要「敬」而遠之。也就是說，千萬不要得罪這樣的同事，在平時的工作中與這樣的同事相處時，也要保持自己的風度，要尊重對方，態度友善，即使心裡不喜歡這樣的同事也要如此。

❗ 2.不與同事討論他人是非

職場中背後道人是非很容易被捲入人的鬥爭之中，你要遠離是非，不僅要遠離口是心非的同事，更要避免在背後與其他同事討論他人是非。

世上沒有不透風的牆。只要你話說出口，如何傳播就已經不在你控制

的範圍之內了。如果你在背後與同事說誰是誰非，被當事人知道的話，那在他心目中你的印象就會劣化，甚至他也會用同樣的方法來對付你，在無形之中你就幫自己樹立了一個敵人。

❗ 3.偶爾吃點小虧也值得

如果因為一點小小的好處就與對方爭執不下，那麼不僅會讓對方懷恨在心，而且還給同事留下了斤斤計較的形象。與口是心非的同事來往時，吃點小虧也無妨。有句話叫做「花錢消災」，吃點小虧，避免災禍，抱著這樣的想法，無論如何都值得多了。

如果你嚥不下這口氣，那麼他就更容易整到你。就當作是一種心靈鍛鍊吧！當別的犧牲者出現的時候，你或許會暗自慶幸：好在當初沒跟對方強碰頭。如此一想，也就多能釋懷了。

不當辦公室裡的「軟柿子」

「欺善怕惡」這種現象可謂源遠流長，無論哪個年代、哪個國家都有。從適應環境的角度看來，欺善怕惡是一種必要的生存策略，因為個體的生存總是伴隨著他人的競爭，而揚長避短才能避免損失，從而獲得最大的利益。

在現代社會中，欺善怕惡的人比比皆是。身處職場則更加明顯，因為每個人都或多或少有那麼一點強者心態，在比自己強的人面前輸了會壓抑，覺得心裡的那股火不得發洩，所以就要在弱者面前耀武揚威。

在職場中，常常有人挑軟柿子打，處在那些劣勢中的「軟柿子」們一定委屈萬分。所以在職場中，要固守自己在公司中的地位，不當職場「軟柿子」。

社交陷阱

剛進入職場的新人想要在職場上立足，首先要學會承受壓力和委屈，但是不能一味地任勞任怨充當別人的出氣筒。這樣給別人一留下好欺負的印象後，那些最苦最累沒人要做的工作就必定是你的份，且有油水可撈的好事也必定與你無緣。

職場上經常有一種人，他們埋頭苦做，不爭不搶，害怕受到傷

害，也害怕承擔責任，不敢突破常規，不敢表現情緒……做什麼都瞻前顧後，畏首畏尾。在職場中只是一味地忍讓、退縮，主張「和」為貴，結果往往不能守住自己的底線，經常不戰而退。這樣的人理所當然地成為了大家眼中的受氣包，也成為了辦公室的「軟柿子」。作為這種角色，不僅自己不會愉快，而且工作也難保。

子建畢業之後來到一家廣告公司做客戶開發工作。但是由於為人安分守己，從來不懂得抗爭，在同事搶了自己的業務之後只是忍氣吞聲，認為只要遵守職場原則就一定能得到想要的結果。時間久了，大家看到子建對同事的搶單行為沒有任何反應，就理所當然地把子建當成了辦公室中的「受氣包」，平時公司裡的麻煩事都讓子建做，有好處的時候卻從來沒想到子建。

子建一開始「以和為貴」的原則就在這種被同事處處佔便宜之中磨滅殆盡了。子建不滿的情緒不敢對同事發洩，於是就把心中的怒氣都發洩在客戶的身上。一次子建因為處理業務時態度強硬，得罪了公司的一位大客戶，造成公司的利益損失，公司高層十分生氣，最後子建只能被迫辭職了。

看到子建的經歷也許很多人都會為子建打抱不平，但正是子建對同事行為的默許，才造成了同事之後的得寸進尺，這又能怪誰呢？

詭計運用

忍受是為了更好的綻放。在職場中忍受不是目的，而是要學會在忍受中累積實力。萬事皆有度，在職場中不要一味忍讓，偶爾展露出自己的實力，反咬一口的表現會讓同事刮目相看。

職場如戰場，在職場中你弱就可能被比你強的人欺壓，所以要培養自己的實力，即使是新人，對於工作的理解和完成度不是那麼的

高，但是也不能在氣勢上主動認輸。

在職場中，「軟柿子」大多工作普通、不開心甚至沒有好的升遷未來。要如何做才能不當辦公室裡的「軟柿子」呢？以下方法，可以幫你做到這點。

（1）唯唯諾諾是根源

唯唯諾諾是一種沒有勇氣的表現。在面對同事的無理要求時只是一味地退縮、軟弱、不敢反抗。這樣很容易被同事當作辦公室的「出氣筒」，最終成了辦公室中的「軟柿子」。人在潛意識中或多或少都有一些「欺善怕惡」的傾向，所以走出自己設下的陷阱，勇於面對工作中的不順，勇於反抗同事的無理要求，才能走出任人擺佈的職場命運。

（2）要勇於拒絕

面對強者，不要一味忍讓，這樣只會使對方得寸進尺。也許在業績和工作上你做得不是很出色，但在面對同事的無理要求時，也要懂得反抗，學會有技巧地拒絕別人，不卑不亢，有理有據，在既不傷人又不傷己的情況下處理好雙方關係，這樣才能創造雙贏。

例如在同事交給你一樣突然的工作時，可以用：「你的經驗比我豐富，我能力跟你差那麼多，我哪可能做得好呀。」這樣先用讚美討好同事，再有技巧地推拖任務，相信同事也不會過於強求的。

（3）先看得起自己，才能得到別人的尊重

想贏得同事的尊重，首先要自己要看得起自己。面對強者不要自卑，要建立自己的自信心。在辦公室內，舉止大方得體，用詞謹慎幽默，在同事需要幫助時不吝惜一臂之力，在同事提出無理要求時，知道反駁抵抗。這樣在辦公室內做到收放有度，自然能贏得同事的喜愛和好感。試問一句，這樣的人又怎麼可能成為辦公室中的「軟柿子」呢？

（4）做事有主見

一個做事有主見的人，一定是有思想的人，這樣的人不隨聲附和，做事不隨潮流，能夠提出自己獨到的見解，在別人提出要求時，能夠分清是非；不輕易相信別人的話，也不隨便傳別人的話。有自己的原則並在職場堅持你的原則，這樣你所表現出來的態度也會讓同事折服。

貼心忠告

🔵 1.積極競爭才能贏

在職場生存想要拿出點成績，就一定要勇於競爭。要知道誰都不是天生的強者，任何人的競爭意識都不是與生俱來的，而是在後天逐漸形成的。在職場中不斷地學習知識，累積經驗，在競爭當中激發自己的潛力，你才能提高能力，在職場中擁有自己的一番天地。

🔵 2.培養自己的氣質

氣質是一種自內而外自然流露出來的一種個人特色和風格。在職場中培養自己獨特的氣質，可以給同事一種親切自然的感覺，擁有自己的個性和氣質，能夠讓你在職場中脫穎而出。培養氣質可以運用以下技巧：

◆ 沉穩，不要隨便顯露你的情緒。

◆ 細心，做什麼事情都要養成有條不紊和井然有序的習慣。

◆ 膽識，不要常用缺乏自信的詞句。

◆ 大度，對別人的小過失、小錯誤不要斤斤計較。

◆ 誠信，做不到的事情不要說，說了就努力做到。

◆ 擔當，檢討任何過失的時候，先從自身或自己人開始反省。

🔔 3.建立自己的形象

形象就是你職場中的一張名片。樹立良好形象有助於你工作的順利進行。不要在辦公室中成為一個可有可無的人，要適時展現出自己的能力和作用，以提高自己在同事及上司心中的有力形象。

🔔 4.避免過於強硬

不當辦公室的「軟柿子」但你也不能態度過於強硬，否則就走入了另一個極端。辦公室裡有大學問，平時你在與同事相處更是需要掌握好其中的界線，性格軟弱很容易就被其他同事「壓著欺負」，但如果你態度強硬，就像渾身帶刺的刺蝟一樣，這不僅不能受到同事的歡迎，也讓同事都想遠離你。因此，不當「軟柿子」，也不當「硬柿子」，只要當最有內涵的「好柿子」。

Point 6

遠離辦公室裡的小團體

　　人的氣質和做事風格都是不同的，有合得來的，就有合不來的，合得來可以多來往，合不來的就是不願意互相來往的，於是這樣就形成了多個小團體。可以說，只要有人的地方就有小團體，小團體是一種客觀的現象，有其存在的合理性。

　　在一個組織中，只要有利益紛爭就會出現競爭，隨之而來就會出現利益對立。在面對這些因為利益而組成的小團體時，加入他們，有好處自然能分得一杯羹，但是一旦帶頭的人倒臺，你也就不可避免地要被連累，所以這成為許多職場中人最頭痛的一件事。

社交陷阱

　　面對小團體的「邀請」，選擇加入，就會被其他人排擠，一旦倒臺也肯定會殃及你這個「池魚」。拒絕就代表被孤立，這樣工作得不到同事的支持也就寸步難行。在辦公室面對「小團體」時，處理不好不僅工作受阻，更會影響職場前途。

　　辦公室「小團體」現象在職場中屢見不鮮。但是有許多人在面對「辦公室小團體」時，不知如何處理，下個故事中的偉學就有這樣子的苦惱。

　　偉學大學畢業以後找到了一份廣告公司文案的工作。來到公司還

沒到半年，偉學就被辦公室中的暗濤洶湧弄得疲憊不堪。原來部門因為利益紛爭出現了好幾個小團體，偉學因為看不慣他們的作風，對於他們的拉攏都義正言辭的拒絕了，最後偉學成了孤家寡人，因為沒有加入哪一邊，所以工作上也沒有了幫手，大家都抱著看笑話的態度來看待偉學，這讓偉學十分疲憊，最後不得不離開了公司。

之後偉學又找到了一份工作，因為有著之前的經驗，偉學面對「人事」和「業務」兩個小團體的拉攏時，選擇加入了「人事派」。之後偉學也確實嘗到了甜頭，因為能力強，而且又有團隊幫忙，他很快就做到了管理的職位。豈料好景不長，人事經理受到排擠，倒了臺，而偉學也因此而受到牽連，在經理走後不久，他也受不了同事的排擠，被迫離開了公司。現在的偉學十分苦惱：「辦公室小團體」不加入也不是，加入也不是，那到底該怎麼做呢？

相信很多人都有著和偉學一樣的困擾，在面對「辦公室小團體」時找不到自己的位置，無法處理好與他們之間的關係，最後為自己的工作增加了阻礙，帶來了不必要的麻煩。

詭計運用

首先你要正確認識並接受這種現象，並不需要把小團體當成洪水猛獸，一味地排斥。只要你能正確處理好個人與小團體的關係，遠離「惡性小團體」，善於利用小團體積極性一面的作用，截長補短，這會對你的事業發展有促進作用。

企業的組成是以人為單位的，凡是有人的地方，就有不同的想法，這就必然產生人以群分的現象，在職場中的體現就是出現「辦公室小團體」。有許多人在面對這種現象時經常非常困擾，不知如何處理，以下一些方法能對你有所幫助。

（1）儲蓄人脈存摺

團隊工作是需要大家通力合作的，想要飛黃騰達沒有他人的幫助很難成事。要認清團隊的成功，就是個人的成功，個人對團隊的貢獻度愈高，在團隊裡的份量也就愈重。另外要弄清楚公司裡的小團體情況，要跟每個同事都保持良好關係，儘量不要被貼上哪一邊的標籤。在職場中，儲蓄自己的人脈存摺，尊重並友好對待每一位同事會讓你受益無窮。

（2）夾縫之中求生存

如果不準備加入小團體，那麼就要學會在夾縫之中求生存。這時候最需要注意的就是要仔細觀察你所處的職場環境，看清大形勢，對周圍的小團體情況和權力分配做到了然於胸。身處「團體」之外一定不要鋒芒太露，因為如果你的周圍存在小團體，相對於他們你就是弱勢，平時要注意打好人際關係，保持一種和諧的氣氛。

（3）與人為善多交際

如果已經成為小團體的一員，那麼也要注意不要讓團體之外的人為難，結下太多恩仇，更不要因為自己的利益去傷害他人。在職場中，不要總是幾個固定的人長期在一起聚餐，而是應該大家多聚在一起，盡可能地接觸不同同事。午餐是增進感情的方式，要儘量擴大範圍，多瞭解同事們的愛好和工作以外的事情，這樣和諧相處可以提高工作效率，增進同事間的感情。

（4）解決矛盾有方法

如果你不慎與某個小團體產生了問題，此時應該做的是儘量彌補。如果能靠自己的力量來獲得諒解當然是最好，如果不能自己解決，那麼可以考慮加入其他的小團體來尋求保護。

但切記一點：不要直接向高層投訴，可能這一次你捍衛了你的權利，但是日後就會完全陷入人際關係的泥沼之中。

貼心忠告

❗ 1.職場要高表現，低姿態

樹大招風，企圖心強烈是好事，野心可以有但不可露，事事強出頭、求表現，反而會招致異樣眼光。人人都有野心，但是升職的事一向是僧多粥少。最好的方式就是做好自己分內之事，保持卓越的表現，但儘量維持低姿態，不要帶給別人威脅感，「能人」能在做大事上，而不在大話上。

❗ 2.獨善其身不可取

很多人抱著「清者自清，濁者自濁」的心態看待辦公室小團體，以為只要能獨善其身就可以遠離是非。但事實上辦公室裡沒有人可以真正做到明哲保身，只要身處在辦公室裡，就是處在鬥爭之中，所以不要天真地相信，只要自己專業過人，工作腳踏實地，又不惹事生非，就可以讓上司注意到你這塊璞玉，最後結果往往事與願違。身在職場，融入職場，才能在危機到來時擁有支持力量，避免陷入尷尬境地。

❗ 3.多一友不如少一敵

器量狹小、排擠同事的人，一定也會遭到其他人的排擠。把同事當作阻擋前途的障礙，一定難以在辦公室裡立足。對於在辦公室裡跟自己有競爭關係的人，不妨試著去理解他，或請他幫一個小忙，往往可以神奇地化解彼此之間的敵意，在職場上，減少一個敵人的價值遠勝過增加一個朋友。

不在失意的同事面前談論你的得意之事

　　人生得意須盡歡。每個職場中人都有得意的時候，或工作順利完成得到上司的賞識，或業績突出贏得了額外的報酬，這都會讓你產生抑制不住的喜悅，甚至向同事炫耀自己的得意之事。在面對得意之人的侃侃而談時，大多數人都抱有羨慕、愉悅的心態，這也就讓得意之人的虛榮心得到了極大的滿足。

　　然而有得意之人，就有失意之人。職場失意的人往往是正處於職場的低谷或剛剛在職場上受挫，這時的他們是脆弱、敏感的，身邊的一點風吹草動就能讓他們心存疑慮，更不要說聽到得意的同事在他們面前大肆吹噓了。

　　一般來說，職場失意的人很少具有攻擊性，鬱鬱寡歡是最普遍的心態，但別以為他們只是如此。當春風得意的同事在他們的面前大談特談自己的得意之事時，在失意之人看來就會是一種諷刺，而這種諷刺會讓他們牢記在心，並產生一種普遍的情緒，那就是懷恨在心。

社交陷阱

　　當你的高談闊論引起失意者的懷恨在心時，失意者對你的懷恨不會立即顯現出來，但他會透過各種方式來洩恨，例如在其他同事面前說你壞話、工作上扯你後腿、故意與你為敵等，這就等於在無形之中在職場上多了一個敵人。

談論得意之事時要看場合和對象。在朋友面前談，讓朋友分享你的喜悅；也可以在親人面前談，讓親人為你驕傲。但是決不能在失意的同事面前談，因為失意的人是最脆弱，也是最多心的，你的談論在他聽來都充滿了嘲諷的味道，讓失意人感受到你「看不起」他，對大部分失意的同事是一種傷害，而這種傷害也會讓他們對你產生不滿，甚至是怨恨。

　　威廉和喬治在同一個部門工作。最近威廉風頭正盛，因為工作做得好而屢屢得到上司的讚揚，最近更是因為拿下了一筆大訂單而被頒發了獎金。但是喬治卻因為最近家中事情較多，影響了工作情緒，導致工作上總是出錯，經常被上司在同事面前點名批評，情緒一直十分低落。這天威廉在又一次地贏得上司的稱讚之後，心情十分愉悅，晚上想請客與同事們吃個飯，喬治自然也在其中。在飯桌上威廉毫無顧忌，熱情談論自己最近在職場中的得意之事，其他同事自然是逢迎威廉，而喬治就顯得有些不自然。威廉的每句話在喬治耳裡聽來都很諷刺，每一句都刺進了他的心裡，這讓喬治十分氣惱，最後找個理由提前離開了飯局。

　　之後喬治對威廉就妒恨在心，在工作中找威廉麻煩，威廉對此絲毫不知情。雖然對自己的屢屢出錯的現象也感到疑惑，但是也沒想太多。最後威廉因為一次錯誤而導致公司失去了一個大訂單，但是仍然不知道這正是喬治背地裡搞的鬼，最後威廉不但莫名其妙地丟了客戶，還影響了自己的工作情緒，往後的一段時間裡，威廉更由得意之人變成了失意之人。

詭計運用

> 人生得意須盡歡，但是得意切不可忘形。不要在失意的同事面前談論自己的得意之事，並且在得意之時要保持一分謹慎，做到慎言，慎行，這樣才能在得意中更加如意。做到這點不僅可以避免在失意時遭到別人的小心眼報復，還能讓同事敬佩你，為日後工作中的相處鋪平道路。

得意之人必有得意之事，但是樹大招風，你得意必然有人失意，所以得意之時保持一分謹慎，放低姿態，才能避免成為同事眼中眾矢之的。低調行事不但保護自己也能讓你的得意持續下去，這才是明智之舉。

安迪是一個工作能力很強的人，在剛進入公司後就為公司爭取到一個大訂單，這讓同事都非常羨慕。但是安迪為人一向低調，從來沒有拿自己優秀的工作成績對同事炫耀過。而且在工作時也經常徵詢其他同事的意見，所以同事心中不但沒有對安迪產生反感，反而都與安迪走得十分近。一次安迪因為工作不慎而出現了錯誤，正當他處在困境不知所措時，因為平時為人低調且與同事相處良好，所以同事們都積極想辦法幫助安迪，最後他不但渡過了難關還順利地完成了工作任務。事後安迪對同事們表示感謝時，一位同事笑著說了真心話：「如果你因為平時業務做得好而對我們囂張，那我才懶得理你呢。」

那位同事的話看似是無心之語，但卻一語中的：「平時放低姿態，和同事處好關係，在困難時刻才有人願意幫你。」

貼心忠告

⚠ 1.得意之時淡然,失意之時坦然

　　職場之路不可能一帆風順,有得意的時候,也必定有失意的時候。當你工作順利時,心情一定大好,正所謂:「人逢喜事精神爽」。但是,職場之路往往起起伏伏,也不可能都是風平浪靜,一定也會有閃電雷鳴,風雨交加的時候。不管在工作中碰到怎樣的挫折,一定要學會坦然面對,也要學會淡然接受。得意之時淡然,失意之時坦然。這樣的態度才能在職場中走得長遠。

⚠ 2.嫉妒之心不可小視

　　在平時的工作中鋒芒畢露會引起同事的戒心,而得意之時更是集中了大家的視線,如果此時大肆宣揚,那麼必定引起同事的嫉妒。嫉妒心萬不可小視,一旦引起同事嫉妒,那麼輕則遭遇橫眉冷對,重則被人在背後補了幾刀還不自知。

⚠ 3.得意中找不足

　　在工作中做出成績得到上司讚美時,必然會心生喜悅。但是此時也不要忽略工作中曾出現的錯誤和問題,在完成工作之後不論成功與否,都要隨時找出自己的不足,完善自己的工作,才能在以後的任務中不斷進步,從而更好地完成工作,做出更亮眼的一番成績。

Point 8

越俎代庖，同事會提防你

　　在公司，每個員工都有自己的工作職能和工作範圍，任務也不同。有些人能力很強，對自己的工作內容能很快地適應並出色地完成，而他們的能力也往往得到同事和上司的認可。這些人在完成自己的任務後，在面對其他同事的工作時，也常常願意發表一些自己的看法，適當地向同事提出建議，提醒同事的做事方法，能夠提高彼此的工作效率，這樣的做法往往頗受歡迎。

　　但是有些人超過了自己的工作範圍，插手並干預其他同事的工作，這就會引起同事的不滿。想要透過干預同事的工作來表現自己的能力，這在職場上並不是明智之舉。

社交陷阱

　　在工作中，越俎代庖是對同事的一種不尊敬。每個人都不喜歡別人干涉自己，在工作中有明確的分工，當你越過自己的職責範圍去干涉別人的工作時，往往會讓同事產生反感。如果你的能力很強，還會引起同事的防範和嫉恨。這樣的結果只是吃力不討好。

　　在工作中積極表現可以給同事留下樂觀向上的印象，而主動幫助同事也可以讓人感受到你的熱情和友善。但是越俎代庖地干預同事的

工作，並不能讓你的能力得到更好地發揮，反而會引來同事的厭惡和提防。

在工作中越權插手不在自己職權範圍之內的工作，就意味著對在該職位上的同事表示不尊重、不信任，而且破壞公司規章制度，甚至破壞辦公室裡的正常秩序。

凱文是公司的總經理助理，因為工作能力強，頗得上司賞識。經理看重凱文的工作能力，除了讓他擔當自己的助手，另外又把技術部門的工作也交給了他。但是凱文並不滿足，因為之前凱文在另一個公司負責的工作更多，對其他的工作也有一定的瞭解，所以在做好自己的工作後，他總是插手其他同事的工作。這樣的行為在辦公室內引起了其他同事的不滿，於是大家多次向經理反應。但是經理看好凱文的工作能力，認為凱文是個人才，所以遲遲沒有採取行動，而凱文認為這就是經理已經默認了自己的行為，所以更加肆無忌憚。同事們的不滿也隨之越演愈烈，之後凱文在自己簽署了一份本不該自己處理的合約之後，經理也終於忍無可忍，最後只能忍痛辭退了凱文。

凱文丟掉飯碗不是因為他的能力不夠，而是因為他越俎代庖的工作方式。即使能力再強，處理不好同事關係也很難在職場走得長久。

詭計運用

工作有不同分工，做好自己的本職工作，在自己的工作崗位上做出成績，這才是展現自己能力的明智之舉。在自己的工作職責外，可以對同事適當地提些意見，但是一定要有限度。記住：沒人喜歡別人插手自己的事。

我們都知道在職場中越俎代庖的行為只會招人厭惡，那麼該如何避免此類行為出現呢？以下一些做法可以對你有所幫助。

（1）找對職場中的位置

在職場中，每個人都有自己的位置，要找到自己在職場中的位置，並明白自己什麼該說，什麼不該說。「找對自己的位置」，不要以為這很容易，只有認清自己，找到一個最適合自己發揮的位置，才能清楚地明白自己該做什麼，不該做什麼，如此才能做到位，做出更好的成績。

（2）清楚自己在職場中的工作職責

在公司，每個人的工作內容不同，職責也不同。認清自己的工作職責，堅守自己的工作崗位，不越權，不過界，在想要插手別人的工作時，先想一想自己的工作職責是什麼？這是不是自己該負責的工作？保持一個清醒的頭腦，也可以避免此類事情的發生。

（3）工作時要謹守本分

在工作中，要牢記自己的權利和責任。在自己的工作崗位上要踏實認真，做好自己的本職工作。記住：在自己的職責中發揮長處才是對自己工作能力的最好展現。

（4）定期自我檢查

在工作中，要定期自我檢查，這樣可以使自己清楚地瞭解前一段時間內出現的不足之處，如此才能不斷地提升工作能力。當意識到自己有越俎代庖之嫌的時候，就要及時調整自己的做法。定期地自我檢查就可以避免這些問題的發生，讓你的工作更加順暢。

貼心忠告

1.尊重同事感受

在職場中，尊重同事才能贏得同事尊重。平時養成重視同事感受的習慣，那麼在想要插手同事工作時，就會顧及到對方的感受，才能把握好幫助同事的界線，如此既不傷害同事面子，還能為同事排憂解難。

2.多和同事進行交流

平常的工作中要多與同事進行交流，多瞭解同事的想法，在同事的口中瞭解到自己的不足和同事對自己的看法，這都有助於提高自己的工作能力，並且在交談之中也可以拉近與同事的距離。與同事相處融洽，營造一個良好的工作環境，相信你會從中獲得更大的動力。

3.不可「只掃自家門前雪」。

僅僅做好自己分內的事，對需要幫助的同事視而不見，這樣的做法也是不可取的。職場中事不關己的工作態度，不利於你與同事的和諧相處，在同事需要幫助時伸出援手，適時地幫同事一些小忙，這能給你帶來更好的人際互動，而自私自利地只想到自己，會阻礙你日後工作的開展。

4.別讓同事做你的主

在你注意自己言行的時候，也同時要提防別讓同事做了你的主。職場你不僅要做好自己的本職工作，更要守住自己的崗位，如果讓同事事事為你做主，那你就會失去工作的自主權，沒有效用的員工，不僅不能獲得晉升或是好處，甚至連飯碗也會難保。

INTERPERSONAL MIND TRICKS THAT EVERYONE KNOWS BUT YOU

LESSON
7

用說故事做行銷
讓客戶決心購買的心理詭計

說故事，讓你和你的產品更印象深刻

　　根據哈佛研究報告指出：「說故事可以讓行銷獲利八倍以上！」故事，是人類歷史上最苦老的影響工具，也是最具說服力的溝通技巧。一般業務員若擁有感人的服務故事，必定能引起客戶的共鳴，進而達成成交。當然，你說的故事都必須是要用來證明客戶的選擇沒有錯，切忌不要用故事來反擊客戶，讓客戶難堪。你可以舉發生在自己身上或家人、朋友的故事來告訴你的客戶為什麼會需要這個商品，會為他帶來什麼正面的好處。用故事行銷其實是在提供一種體驗，而故事往往能帶領人們身歷其境。給消費者一個相同的經驗感。

社交陷阱

　　一般人都誤解說故事行銷是要「很會說話」或「很會寫作」，才能夠「很會賣」。其實，說故事行銷的核心價值是「聆聽自己，啟發他人」，要由自己出發，為商品挖掘、整理一個真實故事，在適當的時機，跟適當的對象說適當的內容，才能夠影響他人採取行動——不只是掏錢購買，還會主動傳遞口耳相傳，效果勝過千萬的廣告費！

　　故事，是從創造開始，能夠「創造、整理、傳遞」故事，才是完整的「說故事行銷」流程，因此誰都可以「說故事賣東西」，只要你

願意聆聽自己內心的真實聲音，找出一些感觸與吸引點，業務員如果能善加運用「說故事」的能力，更容易締造業績。

有位銷售房屋的業務員這麼說：「我喜歡聽客戶的故事，也喜歡將客戶賺大錢所以買房子的故事分享給其他客戶聽，後來我發現，這是不動產仲介的一個很好的橋樑。所以後來當我在為每一位客戶尋找物件，幫他們完成一筆生意或是當房東的夢想時，我也同時在幫他們寫下一個築夢的故事。」

又如7-11曾經有過這麼一支溫馨廣告，一個美好的清晨，孫爺爺在7-11拿了一份報紙走向櫃台，店員親切地微笑打招呼：「早啊孫爺爺！你今天還是要一份報紙……」接著店員與孫爺爺不約而同地說：「一個茶葉蛋！老規矩！」店員微笑回答：「沒問題！」畫面就結束在兩人問候閒聊的溫馨當中。

怎樣的故事內容能打動客戶的心？怎麼說故事最吸引人？這些都是因人而異的，當對的故事在對的時機告訴了對的人，那麼東西還怕賣不出去嗎？

詭計運用

多說一個小故事，能讓客戶多認識你一些，而說故事，可以創造需求與商機，客戶的需求也許就在你的熱情分享故事之下被喚醒，理所當然也會多一份商機！

業務員在與客戶第一次見面時，就可以簡單地分享自己人生的小故事讓客戶更快認識你，甚至說一個創辦人的小故事也可以；遇到客戶對產品有所疑慮時可以說另一個客戶的見證故事，發揮「信心傳遞」與「情緒轉移」的效果。身為業務員，要如何將重要的銷售訊息，說到客戶心坎裡去呢？這時就是你好好運用說故事的力量的時候

了。從「說一個好故事」，進而為客戶創造「擁有之後的願景」，透過故事可以準確的「投射」出對方想要的願景。當你主動說一個故事，出發點是為了讓雙方有更好的發展時，對方一定可以感受到你的用心。

一般人都會比較喜歡跟一個親和力夠、幽默、耐心、專業的人購買商品，當你會說一個好故事的時候，你全身每個細胞都會散發出無比的魅力，聽完你的故事，對方也許會萌生這個念頭：「某某某，我們什麼時候可以再碰面？跟你聊天很有趣耶。」當對方喜歡上你的時候，也就表示成交有望了。

貼心忠告

⚠ 1.說一個好故事的七大元素

(1)人物：不同的角色，讓故事更加活潑。(2)內容：包含了整個事件的因果，過程的轉變。(3)場景：一個時空背景下發生的事件。(4)畫面：當時所處的環境景象，更加身歷其境。(5)對話：內心對話或角色間的對話，增加故事的真實感。(6)衝擊：故事情節中巨大的轉變，讓故事更加精彩。(7)啟發：故事結束引發他人的想法進而採取行動。

⚠ 2.說故事行銷的三種傳遞方式

(1)書面文字：透過傳單DM、書本雜誌或網路文章，以文字方式表達一個故事。

(2)口語表達：根據7/38/55定律，7%是你說的內容文字，38%是聲音語調，55%是肢體動作，故事要撼動人心，要令人想聽→愛聽→心動→

行動，所以必須掌握佔比重高的聲音語調和肢體動作這兩大部分。

聽眾會從你的表情，姿勢，手勢，服裝，眼光移動，音調，語氣等來接受你傳達的訊息。最大的禁忌就是讓人感到無聊。

(3)聲音影像：你可以透過照片加背景音樂或一支廣告影片來說一個故事。如許多令人印象深刻的廣告都塑造出了企業形象。

❗ 3.觀察客戶狀況選擇故事

平時可多搜集身邊朋友與客戶的故事，建立自己的故事資料庫，再挑選故事時才可供選擇。也可以同時告訴客戶幾個成功與失敗的例子，善用正面與負面的故事，強化客戶的抉擇。而其中的重點在於，無論你說什麼樣的故事，都要以客戶為出發點。依照客戶的性格或職業搭配故事，選擇故事，選擇出那一個最能打動客戶的心的故事就對了，因地制宜，因人而異，我們說最適合客戶的故事就是最好的故事。

練好口才，銷售才能更精彩

做銷售，離不開與客戶的溝通。想要在與客戶的溝通之中贏得客戶的好感，一副好口才是必要的。好的銷售口才，不是滔滔不絕地介紹商品，也不是口若懸河地辯論不休，讓客戶毫無招架之力。我們說口才好，主要是反應在業務人員的能力與智慧。而個性比較害羞的業務菜鳥，也別因此氣餒，以為口才不佳不能勝任，只要多觀察、多模仿前輩的話術並多加揣摩，假以時日就能有所改善。

社交陷阱

一名運動員，即使資質再高、天分再好，如果沒有經過正確的訓練，也無法成為傑出的選手。同樣地，一個業務人員，如果沒有經過訓練，或是自行摸索而走錯了方向，變得花言巧語甚至巧言令色，我們說這也是難以成為頂尖的業務員的。

在銷售過程中，許多業務人員都會碰到不少心理障礙，特別是銷售界的菜鳥，剛進入銷售領域時，對工作不是很熟悉，容易產生自卑心理，在面對客戶時，會緊張或者是膽怯，即便是他原本就擁有了好口才也是發揮不出來，相當可惜。

育心剛進了一家化妝品廠商當業務人員，有一次她在街頭設了小攤子做產品促銷，迎面走來一位漂亮的小姐，正對著展示商品邊走邊

看。育心心想這正是個機會，不能放掉，便走上前說：「小姐，你可以看看我們公司的新產品，這、這裡有樣品，要、要試試看嗎？」育心緊張地忘了介紹新產品的特色，於是這位小姐表現出滿臉疑惑，接著說：「沒關係，我還有事要忙。」，最終育心還是沒能留住客人。

想練就一副好口才，就要先掃除心理上的障礙，驅走恐懼，樹立信心。這樣在面對客戶時，才能勇於向對方表達出自己的想法，將自己的意思完整地傳達給客戶，取得客戶信任。

詭計運用

不能好好地進行談話，多數人最大的問題還是在於心理障礙。此時的心理障礙是阻礙口才發揮的主要原因，除了掃除心理障礙為最快方法之外，另一點你還必須掌握最常用的口才技巧。

在你的銷售過程之中，業務人員要掌握的是命中率最高的口才技巧，這樣才能在與客戶的溝通之中立於不敗之地。具體來說，常用的口才技巧有以下幾種：

◆直言：直言是業務人員真誠的表現，也是和客戶關係密切的表現。在客戶選擇產品的時候，我們不妨與客戶坦承相對，直接告訴客戶哪些產品不適合對方，這樣才能幫助客戶買到適合自己的產品，是贏得客戶信任的重要手段。

◆含蓄：含蓄是說話者有修養的表現，也是對對方的一種尊重。尤其是在關係到客戶的個人缺陷時，我們就要使用含蓄的語言，不要引發客戶產生反感情緒。

◆長話短說：無論是客戶還是業務人員，我們每一個人的時間都是寶貴的。業務員在與客戶交流時，一定要先瞭解客戶的購買意圖，長話短說，有針對性地向客戶介紹。幫助客戶節省時間也是贏得客戶

好感的一種方式。

◆善用反語：反語，就是將自己真正想說的話用相反的話表達出來，在銷售進行到一定程度時，如果業務員已經瞭解到客戶確實有購買意圖，可以適時使用一些反語，以刺激客戶的購買。

◆幽默：幽默，是一個人智慧的體現。當銷售過程停滯，或難以進行下去的時候。業務人員可以利用幽默來緩解緊張尷尬的氣氛，以此來表現自己的氣度，讓客戶印象深刻。

沒有天生的口才專家，只有經過正規訓練的專業銷售人才，認真學習口才技巧，努力提升說話技能，才能打出漂亮的一仗。

貼心忠告

1.察言觀色就對了

好口才不是喋喋不休地說個不停，而是應該把握什麼該說，什麼不該說，聰明的人擅長察言觀色，他們可以透過客戶的手勢、表情、眼神，以及說話的語氣、語調等資訊，即時判斷談話的狀態，根據具體情況把自己的觀點表達出來。專業的業務人員，要能夠將自己的五感充分調動起來，時時留意對方的臉部表情、眼神、語氣、姿勢以及其他方面的細節變化。

2.考慮環境和時機

任何言語的使用都是以一定的環境為背景的，說話雙方的關係、所處的時間與地點，都是影響我們說話的重要因素。我們要清楚自己所處的場合，明白什麼話該說，什麼話不該說。特定的場合只能說特定的話，如果業務人員在不適當的場合進行銷售，只會引起客戶的反感，獲得相反的效

果。只有在客戶心情愉快且時間充裕的情況下，我們的口才才能發揮最大的作用。

🔔 3.增強應變能力

業務人員每天都要面對各式各樣的情況，形形色色的客戶也會帶來不同的際遇。只有具備良好的應變能力，才能瞬間反應，在各種情況下都能把最佳口才發揮出來。

剛進入這種領域的新人在進行銷售時，往往會因為缺乏經驗，不能應對突發事件，碰到狀況不知如何是好，白白使自己失去展示已備妥話術的機會，而難以將產品銷售出去。正因為我們是對不同的人說不同的話，因此要學習在日常的銷售工作時累積經驗並加以活用、套用。

Point 3 把銷售看成一場戰役

就像打仗只有勝利和失敗一樣，銷售也只有兩種結果：與客戶成交和被客戶拒絕。只有客戶認可產品，與你簽下訂單，銷售才算成功；如果客戶不接受產品，拒絕達成交易，那麼不管你前期的準備工作做得多麼充分，都是白費力氣。

其實，銷售就是一場「沒有硝煙的心理戰爭」，業務員與客戶的溝通和交流的過程更是雙方的心理博奕。在銷售過程中，我們要像作戰一樣，講究戰術和策略，集中火力進攻客戶的弱點。

社交陷阱

在銷售中，結果是最重要的，千萬別傻傻地認為自己有盡力就好，沒有功勞也有苦勞，我們說業務員所做的一切努力都是為了得到最後的結果——與客戶達成交易。想要達到這個目標，業務員就要具備即戰力，一旦看準目標就發起有效的進攻，不該給對方留下喘息的機會，一舉達成目標。

市場競爭激烈，弱肉強食是不言自明的規則。身處強手如林的銷售領域，面對客戶日趨苛刻的需求，業務員要具備超強的即戰力，一旦認準目標就馬上展開行動，有效地發起進攻堅持到底。業務員只有狠得下心，不畏懼一切艱難險阻，才能創造輝煌的業績。

國華廣告營業部總監邱雅惠接受雜誌訪問時說道：「客戶臨時要求的企畫案，她就一定會讓創意團隊和業務團隊密切合作，在二至三天內，就把企畫案交給客戶。」用迅速的行動力取勝，當客戶以為要七天才交得出來的企畫案，邱雅惠的團隊就是可以給客戶意想不到的驚喜，當客戶習慣了邱雅惠的快節奏，也就無法接受其他競爭者的龜速了。就像邱雅惠自己說的——讓客戶像吸嗎啡一樣需要你，永遠戒不掉，永遠離不開你。

　　銷售的成功要經歷一個長久的過程，不可能一蹴而就。在銷售過程中，不管遇到失敗的打擊還是寂寞的考驗，業務員都要用堅韌不拔的態度對待，堅持不懈地克服困難。業務員要想有所作為，就要將銷售看成一場戰役，全力以赴發起進攻，該出手時就出手，不放過每一個可能成功的機會。

詭計運用

　　有時候，在一場戰役中，發起進攻的有利時機只有一次，指揮官如果錯過了這個時機，就很難再組織起軍隊有效地進攻。其實，做銷售也是如此。市場瞬息萬變，有些機會一瞬即逝，業務員如果不能敏銳地觀察局勢，發揮瞬思力，在市場發生變化時及時做出反應並立即動起來，很容易就錯失良機。

　　在銷售中，結果是最重要的。想要達到這個目標，業務員要學會利用這種強烈進攻的力量，使自己的銷售獲得顯著的效果。銷售的成功要經歷一段激烈的攻防戰，不可能一戰而勝。在銷售過程中，不管遇到失敗的打擊還是寂寞的考驗，業務員都要用打不死的蟑螂的精神對待，堅持不懈地克服困難。

　　「推銷，從被拒絕時開始」。在向客戶銷售產品時，業務員經常

被對方拒絕、碰得一鼻子灰。遭受拒絕，是每一個業務員都深感無奈卻又無法避免的問題。一個業務員如果從來沒有過被拒絕的經歷，那他就不能算是一個真正的業務員。

業務員更應該重視對時機的把握，一旦發現時機、確定目標，就及時地做出反應、展開行動。想要有所作為，就更要將銷售看成一場戰役，全力以赴展開進攻，該出手時就出手，不放過每一個可能打倒敵方的機會。

貼心忠告

每個業務員都要練就一雙火眼金睛，抓住市場的每一次變化，並做出準確分析。那麼，業務員要如何做才能使自己具備敏銳的觀察力呢？

🔔 1.準確選擇目標，瞄準客戶

業務員要知道自己產品的屬性，搞清楚自己要與哪類客戶做生意，知道哪些客戶是自己應該關注的主要對象，將目光鎖定在目標客戶身上，並分析他們的消費心理。

🔔 2.要做到知己知彼

面對著龐大的客戶群體，業務員要做到知己知彼，首先要了解客戶的所有情況，並對市場狀況和自己的產品以及同行的競爭態勢瞭若指掌。

🔔 3.發掘客戶需求

傳統的業務員，偏重產品說明，並不知道要如何發掘客戶需求，那種光靠口才就想要客戶掏出錢來的方法，現在已不管用了。業務員要注意觀

察客戶，並多多利用發問及傾聽兩大技巧來挖掘客戶需求，讓「產品的功能」與「客戶的需求」產生關係，找到產品最有力的賣點，尋找最能吸引客戶注意的銷售方法。

❗ 4.要有遠見

　　業務員的工作不是那麼簡單，並不是只是把產品賣出去就沒事了，我們說賣出商品是近程的成功，若你的目標是成為超級業務員，那麼你必須要在思想上有遠見，要能看得到市場遠景，已經想到日後的遠程目標，而不要只是被一時的蠅頭小利所迷惑，將眼界放寬，要胸懷大志地展望未來，要綜合考慮未來和現在的市場情報，追求實現永續（可持續性）的利潤最大化才是對你最有利的。

Point 4

把產品的好處說到對方心坎裡

　　客戶購買產品是為了滿足需求，只有在了解到產品的好處，確定產品能給自己帶來利益後才會購買。業務員的工作就是結合客戶的利益需求，把產品的好處說到客戶心坎裡，引起客戶的共鳴，讓客戶心甘情願花錢購買。

　　銷售的過程其實就是心理溝通過程，更是業務員能掌握住的心理詭計。銷售大師喬‧吉拉德（Joe Girard）曾說：「鑽進客戶心裡，才能發掘客戶的需求」。業務員只有抓住客戶的心，才能抓住最有價值的資源，否則即使暫時與客戶做成一筆生意，也難以保持雙方長久的合作關係。

社交陷阱

　　有時產品的某些優點並不能吸引客戶，原因是這些優點並不是客戶心裡所要的，以至於業務員在介紹產品優點時客戶並不感興趣。但是對業務員來說，介紹產品的優點是說服客戶購買的途徑之一。有些業務員總是試圖說服客戶，強迫客戶接受產品，但實際上很難改變客戶觀點，還會引起客戶反感，造成銷售失敗。

　　客戶購買產品的欲望在很大程度上受自己興趣的影響，他們只有

對產品有興趣之後才會關注產品,再決定是否購買。業務員那種關於產品優點的長篇大論,只會令客戶「不想再聽下去了」,不僅浪費業務員時間,還影響客戶情緒,讓客戶厭煩。只有從客戶的興趣點出發,讓客戶願意聽,產品的「好」才可能被客戶接受。

均儀是一家3C商場的業務員,主要負責數位相機的銷售工作。這天,商場來了一位中年男子,在展示數位相機的櫃檯前仔細地看著每一部相機。均儀走上前去招呼:「先生,您想買數位相機嗎?」中年男子點點頭說:「是的,有沒有品質好一點的?」均儀拿出一款相機,對客戶說:「您看這款相機,它是NIKA品牌新出的GF7型號,是今年七月份剛剛上市的。這款相機屬於多功能一體機,可以照相、錄影,支援幻燈片與投影片播放,它的功能非常強大,您可以從網上下載軟體,修飾您的照片,還有⋯⋯」均儀滔滔不絕地向客戶介紹著產品,並將產品的功能逐步演示了一遍。

最後,均儀問這個中年男子:「您覺得這款相機怎麼樣?」中年男子說:「聽上去還不錯,可我最想知道的是它的畫素和價格!」業務員對產品的解說應該圍繞客戶感興趣的方面展開,要將客戶最關注的資訊最先傳遞給客戶,重點描述產品可以滿足客戶需求的特性。

如果客戶購買產品是為了使工作、生活更方便,業務員應該重點描述產品的功能;如果客戶更看重產品對品味、身分等特徵的體現,業務員應該從產品的品牌和品質、產品的象徵意義和產品的外觀等幾個方面進行介紹。另外,在介紹商品或說明產品特色和優點時,千萬不要為了賣好價格或是為衝業績而誇大其實,這樣生意才會做得長久。總之,業務員要尋找到客戶的興趣點,並根據客戶關心的問題介紹產品。

詭計運用

在銷售活動中，客戶和業務員關心的都是自己的利益，如果業務員永遠只站在自己的角度，將很難弄清楚客戶的興趣點到底在哪裡。其實，業務員與客戶的利益在本質上是統一的，因為只有客戶實現了利益，業務員的利益才能得到實現。

例如買車客戶希望的就是價格能再便宜一些，業務員可以視情況去滿足客戶，假如業務員銷售一部車的獎金是三萬，客戶希望再便宜二萬，可以先簽下來，再視客戶需求，引導他加購防盜或車用影音設備等配件，或爭取處理中古車，想辦法從周邊配備開發來爭取業務員自己利潤，這樣就能達到雙贏的局面。這時如果可以再補上一句：「既然這輛車優惠你這麼多，一定要幫我再介紹朋友來買喔！」這肯定對業績幫助很大。

只有把產品的好處說到客戶心坎裡，客戶才會認可你的產品。你一定不能忽視對產品優勢的介紹，更要注意把這種優勢與客戶的需求聯結起來，讓客戶真正接受和喜愛產品。

所以，一定要設身處地為客戶著想，想客戶之所想，急客戶之所急，這樣才能贏得客戶的信任，才有希望獲得成功。

貼心忠告

❗ 1.發自內心關注客戶

客戶在購買產品時的心情是矛盾的，一方面他們想讓自己的需求得到

關注和滿足，另一方面又不想讓業務員過多干預自己的購買行為。面對客戶的這種矛盾的心態，你更應該多關注客戶，理解他們的需求，在客戶需要的時候及時表達關心和體貼，重視客戶的意見，與客戶進行友好而深入的溝通。

2.換位思考，把自己放在客戶的位置

業務員要站在客戶的立場上從客戶的角度去看待問題，用心去體驗客戶的感受和想法，消除與客戶之間的隔閡。這樣可以減少你與客戶之間的分歧，有助於化解雙方異議。

3.對待客戶要友善

業務員在與客戶見面時就要與客戶進行友善交流，從內心深處真正地關心、尊敬客戶，為雙方建立一種和睦的關係，並在以後的溝通中逐漸加深這種關係，贏得客戶的信任。這樣客戶才能對業務員敞開心扉，聽取業務員的意見，購買業務員推薦的產品。

4.讓客戶自己做決定

在銷售工作中，要尊重你的客戶，讓客戶自己做決定，不要試圖左右客戶的想法，強迫客戶接受自己的意見甚至強行幫客戶做決定，否則不但未能完成銷售任務，還會引起客戶的反感。業務員要做的工作是盡量將客戶需要的訊息傳達給客戶，並適時提供意見，幫客戶做好參謀工作。

見客戶前就做好萬全準備

　　銷售工作是一項複雜的工作，需要業務員直接與客戶打交道，這樣就會產生很多不確定因素。業務員要想掌控局面，引導客戶跟著自己的思路走，讓銷售工作順利，就必須事先做好計畫，做到居安思危，這樣才能有備無患，防止無法控制的局面出現或陷入手忙腳亂的境地。

　　事先做好銷售計畫，並照計畫行事，不僅可以明確與客戶見面的目的和任務，也能在與客戶交流時有章可循，使溝通效率更加提升，也可以更有條理地安排工作進度，避免浪費不必要的時間和精力。

社交陷阱

　　一個好的拜訪計畫是業務員成功約見客戶並取得有效溝通的基礎，業務員在與客戶見面前一定要認真制定計畫。

　　「見什麼人說什麼話，到什麼山唱什麼歌」。業務員在做計畫之前首先要收集客戶資料，對客戶的情況有個大概的了解，分析客戶是什麼樣的人，這樣才能對症下藥，根據客戶的特點做出相應的拜訪計畫。

　　具體說來，業務員應該了解客戶以下幾個方面的資料：

◆ 客戶的背景資料：主要包括客戶的通訊地址、聯繫電話、網址

和郵件及Blog位址，以及客戶所屬的組織機構部門、業務狀況和客戶所在行業的主要營收、成長率與應用等。

◆客戶的個人資料：主要包括客戶的籍貫、家庭情況、學歷情況、曾獲得過的榮譽、參加的商業組織和公會、各方面的興趣愛好等。

◆客戶的採購與購買資料：主要包括客戶近期的採購計畫，採購的時間和預算，採購的決策者，目前客戶所需與待解決的問題等。

◆客戶與競爭對手的接觸情況：主要包括競爭對手的產品特點及價格，客戶對其產品的滿意程度，競爭對手的背景、特點與客戶的關係等。

業務員要把收集到的資料系統化整理，並加以分析，確定客戶所屬的組織機構、級別和負責工作，以及在採購中扮演的角色及其權限，並找出能夠對客戶的決策產生影響的人，然後再從中尋找入手的線索。並在和客戶實際接觸過後在筆記本中記錄著跟這個人接觸的經過。也可以將客戶分級管理或按短、中、長期分群規劃。

如果業務員沒有對客戶的實際情況進行分析，弄不清各方面的關係，像無頭蒼蠅一樣到處亂撞，那就很難在與客戶見面時抓住重點，更別說是激發客戶的興趣與購買欲了。

詭計運用

產品種類各式各樣，如果業務員全部推薦給客戶，不僅不能抓住客戶關注的重點，還會使客戶產生厭煩的感覺，客戶往往會不想再繼續聽下去。業務員與客戶見面前，要先根據客戶情況分析客戶需求，選擇最符合客戶需求的產品推薦。只有這樣，業務員才能在見到客戶後條理清晰、面面俱到地介紹產品、推薦成功。

要選擇最符合客戶需求的產品，這就需要業務員了解客戶的需求情況，還要全面掌握產品本身及相關行業和競爭對手的現狀，並提前準備好想要傳達給客戶的產品利益和安全等相關資訊。

　　業務員與客戶見面的主要目的就是向他們介紹自己的產品，促成雙方交易的成功。要想讓客戶接受產品並最終購買產品，業務員就應該先讓客戶好好地了解產品。這就需要業務員提前做好計畫，準備好向客戶介紹產品的方法，以達到引起客戶注意、贏得客戶的共鳴，最終達成交易的目的。

貼心忠告

　　一般情況下，向客戶介紹產品時可以使用以下幾種方法：

❗ 1.直接介紹法

　　直接介紹法是指業務員直接向客戶介紹產品的性能、特點、價格等情況，這種方法可以讓客戶比較全面地獲得產品資訊，了解產品情況，但是單純的語言表達可能顯得比較枯燥乏味，難以引起客戶的深層興趣。在使用時，要注意話術的運用，多使用生動活潑的詞句，以勾起客戶聆聽的興趣。

❗ 2.產品展示法

　　產品展示法是指將產品的實物拿到客戶的面前，讓客戶直觀且全方位地了解產品，在條件允許的情況下，你可以讓客戶親自體驗如何使用產品，加深客戶對產品的印象。在使用這種方法時，你要在一旁與客戶溝通和交流，及時解決客戶的疑問，並引導客戶說出自己的感受，從中獲得客

戶的真實想法，及時調整銷售計畫。

3.利益吸引法

利益吸引法是指向客戶講明使用這種產品時，客戶可以獲得的利益，以此來吸引客戶對產品的注意和重視。使用這種方法的前提是要先弄清楚客戶的需求，針對客戶所關注的利益點對症下藥，但是要注意不能過分誇大可能的利益，以免未來客戶發現實際所獲利益不如當初的宣稱，會對你留下虛偽不誠實的印象。

4.問題求教法

問題求教法是指業務員首先向客戶提出問題尋求客戶的答案。主動向客戶求教能夠滿足客戶的優越感，拉近雙方距離，使你更容易被客戶接受。在向客戶求教時要慎重提問，選擇的問題不要過於簡單，否則會給客戶留下刻意討好的印象，也不要太過複雜，以免客戶回答不出問題而陷入尷尬境地。

5.震驚開場法

震驚開場法是指業務員設計一個令人吃驚或震撼人心的事物來引起客戶的興趣，進而轉入正式的產品介紹中。利用這種方法時，業務員要收集大量的事實資料，並對資料進行分析，提煉出一些具有危害性、嚴重性的問題，並且這些問題可以被自己的產品化解或減小危害。這種方法的關鍵是找到客戶最關心的問題並加以分析，讓客戶更加深刻地感受到不使用產品，會給自己帶來多大的損失。

房仲業拿下訂單的銷售詭計

即便你是業務大軍中的新人，不要擔心自己沒有業績，而是先要擺正心態，認清自己，從做好眼前的工作開始，透過不斷的學習、反省檢討、實踐來完善和提升自己，體會銷售中客戶的心理和喜好，踏實認真地走好每一步，而不是急著做出成績。

只要說對話，就會有很好的結果。銷售過程中不要用「成本」或「價格」，而是以「總投資」或「總金額」去取代，因為談到價錢，就會讓客戶想要去比價；還有「合約」、「購買」等詞彙都應避免，因為大家都喜歡「擁有」，並不喜歡「購買」。

社交陷阱

對待任何一位客戶都同樣熱情，是受客戶歡迎的重要原因之一。一些業務員之所以失敗的原因就是：以貌取人，經由對客戶的外在來判斷客戶的購買能力，對認為沒有購買能力的人置之不理，對看起來經濟實力強的人積極迎合，一旦發現自己看錯了人就態度一百八十度大轉變，讓客戶十分反感。無論客戶是否購買，也無論客戶的購買實力如何，業務員都應該一視同仁，用同樣熱情的態度對待，這樣才不至於得罪客戶，最終贏得客戶的認同和喜愛。

雅文從事房地產銷售已有幾年的光景了，雖然年紀輕輕，長相也並不出眾，卻已經是業內知名的風雲人物，一年從她手中賣出的房子是一般業務員的四到六倍。但是在剛剛開始當業務員時，雅文也和其他新業務員一樣摸不著頭緒，甚至連最基本的銷售技巧也不懂。

　　由於非相關商科畢業，又沒有銷售經驗，外形也不出眾，公司的主管並不看好她，老業務員更對她不屑一顧，常常是大家都非常累了、有客戶來的時候讓雅文招呼一下，就當是實習。如果實習期過了還沒有賣出房子，就要被解雇了，雅文雖然也在努力學習一些銷售知識，但是總覺得沒有實務經驗，學得再多也是紙上談兵。

　　雅文的公司經常開辦業務員培訓，一次培訓課程剛結束，大家還在一起討論有趣的培訓內容。一名衣著普通的中年男子走了進來，其他業務員看那人穿著普通，不像什麼有錢人，以為只是個隨便看看的，都沒有要上前迎接的意思，一名老業務叫雅文上前去招呼。初出茅廬的雅文鼓起勇氣熱情地迎上去，因為不善於言辭，她簡單介紹了房屋的情況後就頓時空白不知道還能說什麼，只是一個勁兒地微笑，倒是這位客戶一直在問長問短。

　　後來憑著自己先前有做功課，對建案的情況以及戶型等各方面有認真瞭解，雅文都能非常詳細而周到地解答客戶的疑問，沒想到客戶聽得饒有興趣，還提出想要去看房。於是她陪著客戶看了不少戶型，耐心地一一解答與建議。然而雅文對這次銷售並沒有抱太大希望，只是想：「不管他買不買，進來的都是客戶，我都應該好好接待。」令雅文沒有想到的是，這位客戶最後竟然一下子就買了三間！還在試用期間，雅文就拿下一筆大訂單。對她而言真是開了個好彩頭。

把握好「度」就能把握住訂單，若你在房地產銷售已經做了一段時間，由於累積了一定的客戶量，也與各種不同的客戶打過交道，因此看到客戶的第一眼時你就該分辨出客戶是不是A級客戶。

一般來說，一些非常有實力買房的客戶都穿得很普通，但其實穿的戴的都奢華低調，總帶一種矜持而冷淡的態度，對待這樣的客戶不能太熱情，介紹也要有重點，要善於傾聽客戶的喜好，由於客戶多半忙碌，不宜一股腦地將所有資訊塞給客戶，而是先瞭解他的需求，再針對所需加強介紹。並學會適當沉默，不要給客戶刻意討好的感覺，但也要時刻把握對方的心思，快速地思考，穩重地回應。

貼心忠告

成功不是一蹴可幾，而是體現在工作中的點點滴滴。哪些值得業務員學習的東西呢？

1.不斷學習與自我檢討

必須注重階段性檢討，結合自己銷售過程中遇到的各種情況，透過觀察、分析得出一套對自己最有利的銷售真經。對一個房仲業務員來說，對於你賣的房子由大門的材質、門鎖設計開始，到玄關、鞋櫃、地板材質、屋內高度等你都要清楚明白，這樣才足以應付客戶的各種提問，甚至一些風水與風俗常識你也要懂，例如有人喜歡房屋的座向是坐東向西，這樣賺錢沒人知。每間房子必定有優缺點，對於它的缺點，只能建議客戶解決方

式，不能讓客戶有強迫推薦的感覺。所以，每次與客戶接觸後，一定要結合自身具體情況總結出銷售經驗、技巧，這比任何專業銷售知識都更有用。

2.真誠懇切

對於不同的客戶，要配合不同的方式接待。如男性客戶和女性客戶對房子的關注點不同，你就要懂得運用不同的介紹方法，為客戶提供最滿意的服務和答案。身為業務員的你，一定要想客戶之所想，急客戶之所急，感覺客戶的感覺，站在客戶的角度上為客戶提出對客戶有幫助的建議，即使你面對不同的客戶，只要把握住這點，就能抓準客戶心，給他所期待的，就能提高銷售成功率。

3.萬能微笑

微笑讓你在銷售時變得更加有親和力，能成功贏得越來越多的客戶和朋友。微笑是世界上最美的語言，微笑可以讓業務員更加有魅力，所以千萬不要吝嗇你的微笑，見到客戶時大方地用微笑迎接他吧！

4.認清位置，完善自己

認清位置最終才有位置，在工作中不要急著追求業績，急著跳槽，而是要善於對自己長期規劃，認清自己目前的位置，瞭解自己還需要完善哪些能力，積極努力經營個人的業務能力。

INTERPERSONAL MIND TRICKS THAT EVERYONE KNOWS BUT YOU

LESSON
8

如何能得愛情防
腐劑

愛情中的心理詭計

Point 1

愛，怎能不說出口

　　古人有：「在天願作比翼鳥，在地願為連理枝。」現代人有「不在乎天長地久，只在乎曾經擁有」關於愛情的看法。什麼是愛情？正如英國詩人湯瑪斯・查特頓（Chatterton）說的：「什麼是愛情？愛情是大自然的珍寶，是歡樂的寶庫，是最大的愉快，是從不使人生厭的祝福。」更有約・謝菲爾德（Sheffield）這樣比喻愛情：「愛情是生命的鹽。」意指愛情是人生命中不可或缺的要素。

　　德國心理分析學家佛洛姆（E.Fromm）在其著作《愛的藝術》中有這樣的一句話：「愛，不是一種本能，而是一種能力，可經有效的學習而獲得。」這句話讓渴望愛情的人充滿了憧憬，但是卻又有許多人找不到獲得愛情的方法。本來，摸清對方的心思就是一件非常不容易的事，若在知道自己的想法和感受後不敢說出口，更是讓愛情與你擦肩而過。

社交陷阱

　　生命中有一種痛苦叫錯過，愛情是美好的，但也是脆弱的，更是稍縱即逝的。當你在愛情面前猶豫良久終於下定決心要表達愛意時，也許你愛的人已經心有所屬，從此以後你們便不會再相見，而你一直無法說出的那句話，只能由你獨自承受，這時你所品味到的就是世界上最深刻的痛苦。

曉莉是一個優秀的女孩，人長得漂亮，工作能力也強，所以追求者甚多，而育衡在曉莉的眾多追求者中就顯得有些高傲和冷淡。育衡是一個優秀的男孩，人長得帥氣，在工作上也經常受到上司的誇獎。本來兩人看起來十分的相配，而且育衡也確實很喜歡曉莉，但是他內心的孤傲卻讓他始終放不下面子去向曉莉表白，這樣看著其他同事對曉莉進行猛烈的追求，育衡雖然內心掙扎，但始終不敢講出心中對曉莉的愛戀。

兩個月後，當育衡終於下定決心要向曉莉表達愛意的時候，傳來了一個令育衡深受打擊的消息──曉莉接受了公司同事建治的表白，成了公司「名花有主」的人。這讓育衡十分沮喪。而讓育衡更受打擊的事情發生在又過了兩個月之後。

一次育衡和同事聚餐，從同事的口中他聽到了一個更令他震驚的消息──原來曉莉一直就暗戀著自己。當初曉莉一直以為自己會和育衡成為令人羨慕的一對，但是在一次又一次地看到育衡冷淡和不屑的態度後，曉莉失望了。在曉莉絕望的時候，建治出現在曉莉面前，建治的誠懇感動了曉莉。育衡聽了後悔不已，但已無濟於事，這時他才知道，他錯過的不僅僅是一句話，更是一段原本可以美滿甜蜜的愛情。

錯過才知道後悔；失去才知道珍惜。既然愛了，為什麼不讓對方知道？人生無常，要學會珍惜，愛了就要說出口，否則那些情真意切的話，就可能永遠沒有機會再說，只能永埋心底，而留下的只能是人生永存的遺憾。

想要獲得愛情，享受愛情的甜蜜就要大膽地表達出來，只有表達出來才會讓別人知曉你心中所想。有愛說出口，才對得起自己，才不會讓自己的人生留下遺憾。愛了，起碼要讓對方知道，也許有時結果令人心酸，但是嘗試過畢竟不會後悔。

在愛情面前，再聰明的人也會變成傻瓜，所以要如何表達你的感受，如何說出你的愛戀，也是一個艱難的過程。要表達愛，更要有方法，這樣才能在表白中得到自己想要的回答。

（1）直率地表達自己的感情

坦率直白地說出你的愛意，往往能得到你最想要的結果。簡明、直率、不虛偽造作，大膽且毫無保留地向對方傾訴自己的感情，用一種單刀直入、直接挑明的方式來告訴對方自己的情感，對性情直率的人來說，這是最好的方法。

有部可愛的電影，由英國導演華理士・赫森（Waris Hussein）執導的「兩小無猜」（Melody），當年因片子的清純可愛，及Bee Gees多首動聽的歌曲，成為七〇年代的經典電影之一。

故事描述英國倫敦某個小學，有一個男孩名叫丹尼爾，還有一個女孩名叫美樂蒂，他們互相喜歡，而且喜愛到想跟對方結婚，但大人世界根本沒理會這清純的兩小無猜，於是兩人決定私定終身，還將全班同學帶到隱密的廢墟自行舉辦婚禮。當一男一女兩個學生要私奔、還讓全班學生集體翹課的消息傳出，讓大人世界飽受驚嚇，這番胡鬧怎得了？於是校長便率領全體老師去廢墟抓人，現場亂成一片，最後兩個小男女主角衝出包圍，一起推著鐵道輕便車揚長而去，相較於大人世界的混亂，兩個小孩兒遊戲般的推車離開，更顯得天真童稚。

電影中有一段對話，充分表達出來孩童世界對於「天長地久」的天真與浪漫。

這兩個相愛的小朋友，在墓園裡約會談心，美樂蒂從某塊墓碑上讀到先生給太太的墓誌銘，先生在石碑上刻下感謝太太帶給他的五十年的快樂。於是這對小情侶便出現了一段有趣的對話。

美樂蒂：「五十年的快樂。五十年有多久呢？」

丹尼爾：「一百五十個學期，不包含假日。」

美樂蒂：「你會愛我愛那麼久嗎？」

丹尼爾：「嗯……」

美樂蒂：「我認為你不會。」

丹尼爾：「當然會。我已經愛妳整整一個禮拜了，不是嗎？」

在小小孩的心中，一個禮拜已經是天長地久了。

直率地表達自己的感情，愛情的純粹，就是如此美麗純真。

而列寧的求愛也是直截了當。列寧向克魯普斯卡婭求愛時就直截了當地說：「請妳當我的妻子吧！」而一直愛慕列寧的克魯普斯卡婭也很乾脆地回答：「有什麼辦法呢，那就當你的妻子吧！」列寧的求愛言語簡單扼要，情感真摯，給人一股難以抗拒的力量。

（2）懸念讓愛情更加甜蜜

當兩人互生情愫後，就更應該抓住關鍵時機，向心上人表達愛意。戀人為了避免直白的生硬，常常巧妙地動用一些小技巧，使得求愛的方式新穎特別。

馬克思年輕的時候向燕妮表白用的是一個蠻有趣的方法。在一次的約會中，馬克思故意滿臉愁雲地說：「燕妮，我已經愛上了一個女孩，決定向她表白，但是不知道她會不會答應。」燕妮一直暗戀著馬克思，此時不禁大吃一驚：「你真的愛她嗎？」「是的，我愛她，我

們已經認識很久了。」馬克思接著說：「她是我認識的女孩之中最好的一個，我將從心裡愛她的一切！」「這裡還有她的照片，妳想看看嗎？」說著遞給燕妮一個精緻的小木盒，燕妮接過，用顫抖的手打開後就傻了，原來裡面放著一面「鏡子」，那張「照片」就是她自己！於是，一股溫暖湧上她心頭，沉浸在幸福和甜蜜之中的燕妮撲向馬克思的懷抱。

這就是製造懸念的告白法：先製造一個懸念，有意讓對方產生誤解──自己愛上別人，讓對方感受到一種愛不成，欲割卻又難捨的狀態，「引誘」對方一步步地上鉤，然後，突然使對方恍然大悟，出現愛的轉折，出現先驚後喜的心理效果。

貼心忠告

🛈 1.太直接的愛情，NG

有人曾經這麼說過：「在我看來，真正的愛情是表現在戀人對他的對象採取那樣含蓄、謙恭甚至羞澀的態度。」含蓄而不外露的表白方式，是指用不包含「愛」的語言來表達「愛」的情感。如果抓不對技巧和方法，讓對方在毫無準備的情況下得知你對他有好感，而且你的態度還過於直接、壓迫的話，那麼對方很可能會做出最本能的反應──拒絕，甚至還會對你產生反感。

🛈 2.不做愛情的「金魚屎」

有些人一談起戀愛，就燃燒在愛情裡。對戀人死纏爛打或是跟前跟後以捍衛自己的愛情，這就成為了所謂的「金魚屎」。殊不知，愛情有時候

是説不清道不明的，有時候，你自認為是對愛情的堅持，但更多時候，是對方已經把你當成了「金魚屎」，想盡辦法恨不得快點甩掉你，於是，這樣的愛情對彼此來説都沒有任何意義。

　　所以，太過黏人、惹人厭的事真的做不得。要知道，感情並不是死黏著就能維持的。成為愛情的「金魚屎」有時候不僅不能贏得愛情，只是喪失你的尊嚴。

Point 2

被愛不如愛人

　　愛是一種創造行為，而被愛則是一種接受的形式。在生活當中，得到幸福的人通常主動去創造生活，而被動生活的人往往得不到他們所要的幸福。愛與被愛都有幸福，但主動去愛能令幸福更長久，而被愛的幸福則可能隨時消失。

　　一些女孩子認為：「女孩子應該保持矜持的態度，面對愛情要謹慎。」匆匆而過的生活裡，幸運的女孩可以遇到願意主動關心、愛護她人，而不幸運的女孩即使遇到了這樣的人，也是不快樂地接受，最後無法從中感受到愛的真實。確實每個女孩都喜歡享受被愛的感覺，有的甚至認為只有被愛才是快樂和幸福的，但是「愛」是個主動詞，不是被動詞。當它由一方主動帶動雙方互動時，淺愛才會變成深愛，只有這樣我們才能從中感覺到真正的快樂。所以說，愛情要主動出擊。

社交陷阱

　　愛人比被愛更能產生也更能維繫幸福，愛的幸福是主動付出愛之後帶來的滿足，這種幸福是主動形成的；而被愛帶來的幸福是被動激發的，如果刻意追求被愛，則容易導致虛榮和失落，這樣的結果往往與幸福的定義相差甚遠。

愛他人，內心充滿了愛意，那麼無論為對方做任何事或因對方受任何挫折，都不會覺得苦，因為心中有愛。倘若付出的愛有回報，那更是幸運地不得了的事，幸福感更勝一籌。這樣的幸福感，在被愛的過程中是體會不到的，因為你並不曾付出。

有對情侶相約下班後一起吃飯、逛街，男孩因為公司召開的臨時會議延誤了，當他冒雨淋濕了一身趕到時，足足遲到了一個小時。男孩不停地道歉，而女孩依舊噘著嘴滿腹委屈地數落：「可是你就是不應該遲到，不應該讓我等，你知道我等得多難受，多難堪嗎？別人都在開心地吃飯我就只能拼命地喝水，還得應付服務生不停地追問什麼時候可以點菜……」「你怎麼不先吃呢？」男孩原本想要解釋，卻忽然變得有點不耐煩。遲到的晚餐，結果不歡而散。

女孩在男孩冒雨前來之後只是不斷地向他訴苦、抱怨，而忘記了要關心一身濕透的男孩。女孩一心等待被愛，而不懂得去愛。被動等待的愛情就像是一個「牽線木偶」一樣，線如果掌握在一個能夠疼你愛你的人的手中，那你就是幸福的，否則，你也只是索然無味的木偶罷了。

詭計運用

愛一個人是一件美好而單純的事情，是一種自發的感情和行為。愛本身是一種付出，在付出的感情中尋求到快樂，感受幸福，而這種幸福感是被動等待的人無法體會的，所以我們要學會主動去愛，並享受在此過程中所創造的幸福，這樣的愛情才會更加甜蜜。

被愛是一種享受過程。可以享受到情人給予你的疼愛，不必擔心風吹雨打，有人時時刻刻都在為你著想，讓你感受到情人給予你的幸福。這樣的幸福來得太容易，而太容易獲得的幸福便不覺得珍貴，也

體會不到其中的甜蜜。

　　而去愛卻恰恰相反。愛是一種主動的創造行為，愛的一方可以完全按照自己的意願去愛，去做任何事，能讓對方幸福的事他都可以去做，那麼自然在去愛的過程中，他會享受到自己創造的幸福。有愛人的能力，內心自然充滿了愛意，那麼無論為對方做任何事，都會是心甘情願的。

　　希望對方永久地付出，而自己只是被動地接受，這樣的感情即使能勉強維持，也不可能永遠保持著新鮮和熱度。因此，當我們想要經營好自己的愛情時，不妨想想：「愛」是個主動詞，不是被動詞。當它由一方主動帶動雙方互動時，淺愛才會變成深愛，這樣我們才能從中感受到真正的快樂。

貼心忠告

❗ 1.愛情要有自己的主張

　　天下的父母都希望自己兒女好，不受苦。出於對你的愛護，他們可能會干涉你的愛情，甚至對你的另一半特意找碴，提出諸多的要求。這時你要正視自己的心態，要有自己的主張，父母的意見可作為參考，但是未來的日子是你和你的伴侶一起度過的，而不是和父母。所以在愛情中要知道自己的想法，確認自己的真正想法，自己的愛情要自己做主，這樣才能找到屬於自己的幸福。

　　當然這不是要你全違背父母的意見，一意孤行地堅持自己所謂的「愛情」。而是擁有正確的愛情主張，才是走上幸福的正確道路。

🛈 2.愛不是一味地付出

愛是一種付出，但不是一味地付出。如果你單方面的一味付出，總有一天對方會覺得這些都是你應該做的，當付出和享受成為了一種理所當然，那愛情就會變得毫無意義。

在愛情裡每個人都是平等的，我們不能在愛情裡失去尊嚴。愛一個人並不代表要為他付出所有，這樣的愛情是不會幸福的，也不是真正的愛情。沒有一個人甘心一輩子為對方付出而不求回報，我們也許嘴上都會這樣說，但是沒有一個人能做到，因為時間久了，誰都會累、會疲倦。

🛈 3.愛不能失去自我

愛情雖然能使人瘋狂，也能使人癡迷，但是無論是男人還是女人，愛不能就沒了個性，更不能失去自我。當你真正愛上一個人的時候，那麼他的缺點也就成了優點，但是「缺點」和「錯誤」是兩個不同的概念。缺點只是一些生活中的小瑕疵，誰都會有，包括一些偉大的人物，只要是不違背人生道德哲理的要求，都是可以原諒的。而錯誤有時候則是違背社會道德的。

愛情不是哀求或屈就，而是志同道合的兩廂情願。愛要建立在平等的基礎上，如果不能互相尊重，愛情將難以長久，愛需要相互間的尊重和珍惜。愛人首先要愛自己，當我們在付出的時候要留幾分給自己，愛人七分，留下三分愛自己，我們只有在能愛自己之後才能更愛對方，從而獲得別人回報的愛。

若即若離，一定的距離最美

適當的神秘感可以增加好感，能讓對方想要瞭解你，男女雙方有想要相互瞭解的欲望是愛情的基礎和表現，所以愛情中保持一定的神秘感可以讓你更快地抓住對方的心。

我們常說：「距離產生美感。」但是常常也會有人問：「怎麼距離有了，美感卻沒了？」這個問題的關鍵就在於你沒有把握好其中的度。就好比捏陶瓷，一個度拿捏得不好，就會影響整個陶瓷的成型。愛情往往是無形的，一開始我們無法去拿捏，有的時候拿捏不當，就會導致愛情的死亡。真正懂得愛的人，心裡往往藏著一個尺度，那種界線也是在生活中逐漸掌握到的。適當的距離感，就是我們說的朦朧感，在這個時候顯得再美不過了。

社交陷阱

戀愛中的人往往都有一種非常迫切地想要知道對方所有事情的願望，這是一種正常現象，但是讓對方過早地看透你也會讓愛情失去神秘感。對方一旦瞭解你的全部事情，對你的興趣也會隨之急速冷卻，愛情一旦缺少了新鮮感和神秘感，就很難維持長久。

通常來說，不成功的愛情都有三個階段：

◆戀愛初期：雙方都很注重自己的形象，給予對方無微不至的關心，恩愛無限。

◆戀愛中期：雙方自身的缺點已隨著時間的推移而暴露無遺，逐漸希望對方尊重自己的意願；

◆戀愛後期：兩人分歧越來越明顯，凡事都容易起紛爭，相互之間甚至覺得有了陌生感。

當初的戀人最後成為陌生人，原因就在於愛情無法得到更新。愛情的更新需要人為的努力，新鮮總是與「陌生」連在一起，一個熟悉的人事物絕不能說是新鮮的。如果戀愛中的情侶天天膩在一起，每天重複著一樣的生活，久而久之因為缺少神秘感和新鮮感，兩方都會感覺到乏味，為一些生活小事發生爭吵。同時，兩個人慢慢地由熟悉生厭倦，這樣的愛情就會變得脆弱。

詭計運用

有句古語說：「窮則變，變則通，通則久」，這不僅適用於改革，更適用於愛情。保持愛情中的神秘感不是一種裝神弄鬼的愛情遊戲，而是愛情保鮮的必要裝備。

一本名為《開放的婚姻》的書中有這樣一段話：「在婚姻生活裡，每個人都需要有一些空間，不只是物理的空間——像有一個小房間，可以把自己關在裡頭；還有心理的空間，心理的空間可以假想為一個人心理上的小房間。沒有這個空間，人不可能成長，如果沒有成長，即使感情最好的夫婦最後也會彼此厭倦。」人和人之間都要保持一定的距離，愛情中，保持恰當的距離和適當的神秘感，會讓愛情更加持久。

接下來的問題就是該如何保持愛情的神秘感了，來看看下列的方

法：

（1）說話學會留一半

戀人在約會時，特別是在袒露個人情感方面，切忌一五一十如數家珍地盡情傾訴。如果過於誠實，禁不住對方的好奇心，就把自己的事情鉅細靡遺地告訴對方，這就犯了戀愛的大忌。過去的情史不能毫無顧忌地講出來，對方如果對你的過去瞭若指掌，不僅容易找你麻煩，而且愛情也會因為喪失神秘感而變得索然無味。聰明的人永遠只說七成，留三成讓對方揣摩與遐想，留有餘韻讓對方捉摸不透也是在情場上無往不利的一個重要招數。

（2）變化才是硬道理

聰明的女人要像蒲松齡筆下的狐狸精一樣總是在變，這樣才能長久抓住男人的心。具體來說，戀人在對方面前要學會變換不同的身份，要總是以不同的姿態出現在對方面前。例如：有時候是他的妻子和情人，溫柔體貼，關懷備至；有時候當他的女兒，讓他哄，讓他疼，給他一個父親的威嚴；有時候當他的妹妹，要他保護，要他安慰，給他一個哥哥的趣味；有時候你也得當他的母親和姐姐，當他身心俱疲時，充滿慈愛地呵護，給他自由的空間，給他獨處的快樂；有時候你也得做個好情人，時不時地浪漫一番，偶爾性感一回。

這樣的變化不僅讓雙方之間的新鮮感能夠維持，也更能為生活添加一分浪漫，讓彼此的愛情更加持久。

（3）獨立是保持神秘感的重要方法

要保持神秘感就必須有自己獨立的性格，獨立的空間，獨立的自由。當我們把性格，空間，自由都依附在戀人身上時，就不要指望會得到更多、更好的愛情，因為我們失去了神秘感不說，我們還失去了自我，愛情就沒有了原來的味道。

獨立的經濟是人格獨立的前提，特別是對女人來說，這是非常非

常重要的。同樣的，對於男人，獨立則有更大的必要性，獨立性是安全感的來源。

貼心忠告

❗ 1.距離不是疏遠

常常相隔兩地的人，他們的愛情往往顯得更加浪漫。每到週末，一個人奔波到另一個的所在地，這是難以阻擋的思念。這樣的距離省去了每天相處時不必要的誤會和彆扭，這樣的愛情是浪漫的，也是很有美感的。所以，距離並不是疏遠。有時在一起的一對情人，卻形同陌路，沒有找到兩條線的交叉點，但能懂得適當保持距離的人，手牽著手，走在一起，若即若離，這樣子的距離更是一種藝術的美。因為他們之間的距離和保持的神秘感可以充當他們的愛情防腐劑。

❗ 2.神秘不是虛假

神秘感的目的是保持對方對自己的好奇心，並不是拉遠距離減少兩方的溝通。神秘感能激發戀人們的獵奇心理，但前提是本身是有答案的，並不是沒有答案的迷茫猜疑。其實神秘感是一種氣氛，也是一種技巧，是需要拿捏的。兩個人在愛情裡需要偶爾的驚喜，需要偶爾的賣關子和猜測，但必須要有明確的答案，坦誠的溝通，要把該表達的表達出來，如果一味的神秘沒有分寸就會讓對方失去期待感，這就會顯得虛假了，在失去戀愛感覺的同時，還會引起對方的反感。

❗ 3.小變化不是耍小脾氣

變化不是指一天換三套衣服，也不是隨時隨地亂撒嬌，亂發脾氣。有

些女孩總是誤會了「變化」的定義，認為「女人心，海底針」就該天生如此，因而過分驕縱或是頤指氣使，這就是時下流行的說法：「公主病」。女孩們可以選擇當個甜美可人的公主，但不要選擇當個驕縱蠻橫的公主，小公主人人都喜愛，但若是過度的公主症候群可就讓另一半難以招架了。

　　而小變化的目的是為了保持彼此之間的新鮮感，若你以為那是指亂發小脾氣，那可就差得多了。偶爾撒嬌，對方還會用包容的心態來哄你，甚至覺得非常可愛。但是時間久了，就會覺得累了，而等到忍無可忍之時，你們的愛情也就走到盡頭了。相處中多一些包容，少一些無理取鬧，愛情才能更加甜美和長久。

做聽懂女人弦外之音的貼心男人

　　女人和男人的思維不同，男人喜歡直接了當，而女人更多的時候喜歡說反話，就像女人說不在意其實是非常在意，而說離開只是為了被挽留。

　　女人的反話和與生俱來的羞澀有蠻大的關係。女人骨子裡都是柔弱的，也都是需要人疼的，而男人想要贏得女人的心，必須要先能夠判斷出女人的話是真是假，女人的反話要正著聽（但是偶爾要看情況），真正聽懂女人心，如果反話反聽，那可不僅是惹來麻煩那麼簡單了。

社交陷阱

　　戀愛中，女人說出的話有許多都是相反的氣話，尤其是在自己心愛的男人面前，女人說反話的頻率更高，明明生氣了，偏要說沒有生氣；明明在意，卻要說隨便你。而男人們一旦糊塗了，聽不懂女人的弦外之音，聽不懂女人的心思，那麼想討女人的歡心就會變得難上加難。

　　女人往往喜歡說反話，這可能是與生俱來的一種天性。這種天性是專為女人設計的，因為女人都希望被她的男人哄著、疼著、呵護著。

　　說反話是很多女人掩飾自己、揣摩別人的一種心理反應。與人交

往時，女人會透過「反話」來掩飾自己的真實情感，探測別人的想法。例如：有的妻子非常喜歡逛街，她可能會「無奈」地對丈夫說：「本來我不想去逛街的，但是她們一定要我去……」如果這時丈夫不識趣地來一句：「那不想去就別去了，我幫你說。」這種回答往往會令妻子心生不快。

兩人產生矛盾時，女人要你走，其實是要你不要走；女人如果氣得說要和你分手，其實是想讓你認真道個歉，說幾句好話。這些話都是不能當真的，這時如果聽不懂女人的弦外之音，真的聽從女人的反話，那麼兩人之間的感情就不僅僅是矛盾，而是即將徹底滅亡了。

詭計運用

女人的話不能不信，但也不能全信。很多時候，女人的話都有潛臺詞，男人聽懂女人的潛臺詞，就是明白女人的心思。做一個聽懂女人、瞭解女人的貼心男人，就能在贏得女人心的同時贏得一份完美的愛情。

男人常說：「女人心，海底針」，總是覺得女人讓人難以捉摸。其實，女人之所以有那麼多口是心非的「潛臺詞」，並非有意要跟男人作對，而是源於內心的不安全感以及對男人強烈的依賴。

男人如果想要擁有甜蜜完美的愛情，就要懂得女人心，男人聽女人說話不能僅僅只靠耳朵，而是要用眼睛和心去真正瞭解清楚女人的意思。

（1）生氣，有時只是撒嬌

在男人看來，女人幾乎都十分的情緒化，說翻臉就翻臉，常常弄得男人莫名其妙、手忙腳亂。其實女人天大的委屈是：最初的生氣常常並不是真的「生氣」，那不過是聲東擊西的撒嬌手段之一。而太過

老實的男人們，並不知曉女人口是心非的撒嬌伎倆，只是以為她說的就是她要的，結果往往弄巧成拙，弄假成真——女人在極度的委屈和失望中真的生起氣來更是一發不可收拾。

其實，男人想要判斷女人是真怒還是假怒並不難，男人只要看女人的表情和聽女人的語氣就可以得出結論。如果女人是「面帶撒嬌」或是「語氣明快」，很多時候就只是希望得到你的拍拍。

事實上，女性常用「間接攻擊」的方法來應對衝突——她抱怨和指責的背後，隱藏的其實是孩子一樣的要求，想獲得你的更多注意和愛護。

（2）說分手也有真假

當愛情在女人的心中已經真正結束的時候，她全身的每個細胞都會向你傳遞一個資訊：「對不起，不要再來糾纏我。」她的眼神會有種不含敵意的堅決和坦然，她會儘量跟你保持距離，她盡力不再跟你見面，即使見面也心不在焉速戰速決。這樣說出的「分手」，不僅是真的，更是無可挽回的。

但是，有時候女人口口聲聲說「分手」，其實不過是想要讓你對她的感覺有些回應而已。這時候的女人，哪怕聲嘶力竭，身體語言卻一定會告訴你：她其實很無助。

其實女人說出分手要分辨真假很容易。當她表情平靜，眼神堅定的時候說分手，這就代表她真的對你失望了，這時你的挽回和認錯就會變得沒有意義。相反地，如果她情緒激動，眼神飄忽，這就代表她很無助，這時你的呵護和疼愛，就會成為愛情的三秒膠，不僅能撫平她的情緒，更能喚回她的真心。

（3）口是心非的潛臺詞

女人喜歡用語言來試探男人的心，所以即使心中不是這樣想的，口中也要這樣說，這就出現了「潛臺詞」。女人使用潛臺詞，其實通

常是想要獲得男人更多主動的關心和寵愛。所以男人要切記：跟你所愛的女人對話，不要聽內容，要聽感受。聽內容，你會陷入事實對錯的糾纏陷阱中；聽懂她的感受並且積極主動地關心她，才可以達成愉快地溝通，享受愛情的甜蜜。

貼心忠告

1.甜言蜜語是愛情的潤滑劑

相愛的兩個人增進感情需要逛街，需要約會，需要親密接觸。而在日常的接觸中，男人除了物質的付出，更要有言語的付出。愛情中的甜言蜜語，就是兩人之間的潤滑劑。

女人大多是感性的，她需要你稱讚她漂亮，需要你告訴她，她是你的空氣。愛情中的女人往往都是小心眼的，疑心重和喜歡比較是女人與生俱來的天性，你言語上對她付出的肯定是讓她繼續愛你的動力。所以，別小看甜言蜜語的力量，那是行動所無法比擬的。有了甜言蜜語做潤滑劑，愛情才會更長久。

2.在細節中表現體貼

愛在平凡中往往顯得更加珍貴，而真正的愛往往也體現在細節當中。在愛的世界裡，不是所有的感動都來自於轟轟烈烈，一個簡單而又平凡的細節往往更能打動人心。溫柔地為她擦去眼角的淚並告訴她：「不哭，一切有我。」細心地在每個天氣轉涼的時候提醒她：「天氣涼了，記得多穿些衣服。」這些小小的細節也許對你來說很微不足道，但是對她來說卻更能體現出你的體貼和疼愛。

信任，是愛情的試金石

　　愛一個人其實很簡單——就是用真心去愛，照顧對方，為對方著想，在乎對方的快樂和悲傷。而深愛一個人不但要欣賞對方的優點，更要包容對方的缺點，對對方的過去不在心裡耿耿於懷，不做傷害彼此感情的事情，這說起來容易，但做起來似乎就沒有那麼簡單了。

　　在愛情和婚姻中，我們每個人都希望伴侶能夠對自己忠誠如一，白頭偕老，永不變心。然而這只是一種美好的願望，願望要成為現實需要付出不懈的努力，努力的結果往往並不完全像我們所期望的那樣，都是一個圓滿的結局。有這樣一句話：「愛情並不是金剛不壞之身，它只是一個最需要有人來呵護的嬰兒。而猜疑則是專門謀殺愛情的兇手，當這個兇手潛入你的心靈作祟之後，愛情註定無處逃生。」愛情不是單純的真愛，愛情裡，信任與真愛都是不能缺少的，如果它們有其中一個不在你的心中，那麼這段感情也會很快走到盡頭。

社交陷阱

　　信任是愛情的基礎，失去了信任，感情也會隨之岌岌可危。有這樣一句話：「見一封信，疑心是情書了；聞一聲笑，以為是懷春了；只要男人來訪，就是情夫；為什麼上公園呢？總是密約。」這些都是無端的猜忌，這些猜忌不僅傷害了彼此之間的信任，有時更是對彼此愛情的傷害。

莎士比亞的名著《奧塞羅》（Othello: The Moor of Venice）中就述了類似的一個悲劇。

黑人將軍奧賽羅與美麗善良的苔絲狄蒙娜相愛而秘密成婚。國王的女兒，身份尊貴的貴族苔絲狄蒙娜從奧賽羅坎坷的奮鬥史中看見奧賽羅內心深處的高貴，決定不顧父親的反對委身相隨，衝破家庭和社會的阻力與出生卑賤、膚色黝黑的將軍奧塞羅結了婚，婚後的生活十分美滿。然而，奧塞羅部下的一個軍官尼亞古出於卑鄙自私的目的，他決意用奸計謀害奧賽羅來作出報復。他編造謠言，製造陷阱，挑撥他們的夫妻關係，使奧塞羅對忠誠純潔的妻子產生了猜疑之心，尼亞古假裝自己是為了奧賽羅好，而不斷暗示奧賽羅的妻子苔絲狄蒙娜不貞。「惡魔往往用神聖的外表，引誘世人做出最惡的罪行。」他攻於心計，暗指苔絲狄蒙娜跟凱西奧有不軌之情，卻又立即偽裝光明的天使：「我承認我有壞毛病，我秉性多疑，常常會無中生有錯怪人家……如果丈夫不愛妻子，明知被妻子欺騙，也還是幸福的，最活受罪的，就是深愛妻子，卻對妻子滿腹懷疑……天阿，保佑我們不要妒忌吧……。」

一天，苔絲狄蒙娜不小心遺忘了一條奧賽羅贈送的手帕，被尼亞古放到凱西奧房裡，便成了加害苔絲狄蒙娜的罪名，苔絲狄蒙娜不貞的證據。奧賽羅被妒火煎熬，認定妻子不貞，將她親手掐死，尼亞古的妻子隨即揭發了這個陰謀，後來奧賽羅知道了事情的真相，追悔莫及，自刎於妻子的腳下。

這是一個悲劇，不僅在書中，在現實生活中，甚至就發生在我們的身邊。所謂「疑來愛則去」，就深刻地揭示了猜疑的危害。一個悲劇結束了，但卻留下了深深的嘆息。

詭計運用

愛情需要彼此信任。信任是感情的催化劑，只有對另一半充分信任，你才能充分接納他，從而更好地瞭解並理解他的決定。愛的最好證明就是信任，愛他就要信任他，不要捕風捉影，不要疑神疑鬼。記住：信任是愛情最好的試金石。

古往今來，信任與愛情一直是文人墨客爭相討論的話題，有「夏雨雪，天地合，乃敢與君絕」的千古絕唱，更有「兩情若是長久時，又豈在朝朝暮暮」的情意綿長。這中間無時不透露著信任在愛情中的份量。信任對於愛情如此重要，那麼愛人之間要如何做到彼此信任呢？無需頭疼，只要掌握其中的方法你就能做到這點，並且最終贏得甜美的愛情。

（1）愛需要尊嚴

真正的愛需要用心彼此貼近，愛人也要懂得尊重人。即使處在愛情中你也要懂得每個人都是自己生命的主人，每個人都有自己活在這個世界上的獨特性。

如果愛情裡有了一方的蔑視，有了一方的隨意責罵，那即使再瘋狂的愛情，也不值得誰去留戀。在人的一生裡你可以沒有什麼震撼人心的愛情，但是不能沒有自己的尊嚴。沒有愛，最多只是在自己生命裡多了一份遺憾，但是在愛裡沒有了自尊，那是永久的傷害。

所以愛的世界裡不僅需要彼此相愛，還要彼此尊重。只有彼此尊重才能增進瞭解，而彼此瞭解才能增加信任。

（2）少些抱怨，多些理解

人人都有缺點，我們自己本身也並不完美，那我們又怎能去要求別人一定要完美呢？在生活中，經常聽到這樣一些聲音：「我的男朋

友很小氣，沒送給我過什麼名貴的禮物。」或「我女朋友總是愛耍小脾氣，煩死我了」。不要忽略這樣小小的抱怨，一旦讓對方聽到你的抱怨，輕則引起雙方的矛盾，重則就會危及雙方的感情。

如果雙方對彼此能多些理解，能夠換個角度想，例如：小氣有時就是節儉，耍小脾氣有時就是一種撒嬌。讓對方感受到你的理解，那麼自然會贏得對方的信任。

（3）站在對方的角度上思考

很多時候，不信任的原因就是因為自己想的太多，怕自己受到傷害，怕對方做出對不起自己的事情等。這樣的猜忌最好的解決方法就是多站在對方的角度上替對方多想想。

其實事情有時候很簡單。他回來晚了而且不接你的電話，很可能只是因為加班而手機沒電了；她打電話的時候想方設法避開你，很可能只是她和閨中密友聊的是女孩子之間的私密話題。

相愛的人在一起相處，多替對方想，這樣不僅可以避免你對對方的猜忌，而且還能贏得對方的信賴。

不要問太多，也不要猜測太多，如果真愛，就愛得自然、愛得坦蕩。否則，天天猜疑的愛情實在太累，不如趁早放手。要記得愛情的牢固，有時候僅僅是——因為信任。

貼心忠告

⚠ 1.不要綁住對方

因為彼此相愛或重視，有些人總是過多地限制對方的行為，但是有時約束會加速愛情的解體，因為約束也是一種不信任。

古人云：「人之相知，貴在知心。」其實把配偶看作自己的私有財產，干涉對方的社交活動和限制對方的行動是十分愚蠢的舉動。所謂「物極必反」，你管得太嚴，就會使對方產生叛逆心理，對方不僅不認為這是愛的表現，反而覺得你太多疑，對自己不信任。你整日疑神疑鬼，對方整日提防你，這樣的愛會累死人，而愛情也會因為缺少氧氣而窒息。

愛是彼此知心，而不是相互約束。面對愛情，其實最好的管住對方的方法就是不管，真心的付出，彼此關心，這樣才能真正的抓住對方的心，贏得甜蜜的愛情。

⚠ 2.真誠是信任的前提

愛情建立在信任的基礎之上，信任的前提就是真誠。如果信任失去了真誠，那麼信任就成為了海市蜃樓。愛情不要失去真誠，失去真誠的愛情是一種悲哀的傷害。

情人之間不能缺少真誠和信任。無端的隱瞞與猜忌只會更傷害對方，使關係更加惡化，感情破裂在一夕之間。真誠和信任是夫妻間幸福美滿的支柱，感情因它而昇華，愛情也因它而能更加牢固。

Point 6

用溫柔敲開男人的心

　　愛情中的每個女人都想贏得男人的心，但是，想要真正走進男人的心中，需要的是智慧，而不是蠻力，這是對女人EQ的一種考驗。

　　女人可以不瀟灑、不聰慧、不幹練、不可愛、不妖媚，但有一點絕不能少，那就是「溫柔」。溫柔是多數男人所缺少的特質，但這卻是女人作為母親和妻子不可缺少的一種天生的氣質和柔美。

　　溫柔是女人的一種特殊魅力，溫柔的女人更容易博得男人的喜愛，這樣的女人像是綿綿細雨，給男人一種溫暖可依賴的感受，令男人心蕩神馳，回味無窮。所以，女人想要緊緊抓住男人的心，溫柔就是妳致命的武器。

社交陷阱

　　《野蠻女友》只是電視上的藝術，不要看過之後只記得野蠻，卻忘記了女友二字。現實中嬌縱任性，撒起嬌來蠻橫不講理，不照顧男人，卻要求男人要常對自己噓寒問暖的女人，會成為男人的負擔，這樣的包袱男人恐怕躲避還來不及，又怎麼會為妳付出真心呢？

　　受媒體的影響，一些溫柔的女性在看了《野蠻女友》之後，就改變了以前的溫柔路線。隨著時代的發展，以野蠻直率為傲，這就引來

了男士們的叫苦連天。其實不管時代如何變遷，男人們從骨子裡也都是喜歡溫柔可人的女人。而女人不分場合的暴力或粗魯舉動，不僅不能贏得男人的青睞，日子一久，或許還會失去男人的真心。

隨著時代的進步，女人們不討厭用粗魯的方式對待自己的另一半，以表達自己的駕馭地位。花拳繡腿雖然不是真正的暴力，痛不了身，但卻傷了男人的自尊心。曉雪就是這樣的一個野蠻老婆。

曉雪和老公哲宣是一對新婚夫妻。老公哲宣脾氣非常好，對曉雪也十分疼愛，曉雪由於性格任性，看了電視電影之後，被洗腦成「打是情，罵是愛」的觀念，認為這樣其實也是一種女性魅力。所以經常對哲宣粗魯野蠻，而哲宣開始時因為對妻子的疼愛所以打不還手，罵不還口，微微一笑，照單全收。但是隨著時間一久，哲宣對曉雪的這種行為越來越沒辦法忍受。自己在外面辛苦工作了一天，回到家裡不僅不能擁有妻子的關懷與溫柔，還要時時看她的臉色，哄著她，這讓哲宣覺得疲憊不堪。

終於，哲宣實在無法忍受，於是徹底爆發。原因是曉雪居然當著朋友的面戲謔式地打他屁股，這令哲宣感到非常難堪且耿耿於懷。從那次之後，哲宣開始覺得老婆的一舉一動都不順眼，最後兩人心結加深，走上了分居的道路。

男人都是好面子的，傷及男人的面子就是傷及他的自尊。而男人最無法忍受的就是自尊受到傷害，曉雪的行為就是徹底傷了哲宣的自尊，這讓原本脾氣很好的哲宣也無法繼續忍受，最後曉雪的野蠻不僅沒能贏得老公的心，還毀壞了自己原本應該幸福美滿的婚姻。

詭計運用

　　溫柔的女人能把心裡深藏的浪漫情愫轉化成明媚的陽光，將男人融化掉。而當男人被女人這種溫柔徹底地消融時，她就真正走進了男人的內心。讓男人愛上的也許是個性，而讓男人把心交給妳的，卻是妳的溫柔。

　　「溫柔」應該是女人的代名詞，也是女人區別於男人的性別特徵。天生溫柔當然值得珍惜，但後天修練同樣也能讓女人變得溫柔。作為女人，只要妳能調整心態，完善性格，改變脾氣，掌握技巧，運用方法，積極表現，就完全可以做個女人味十足的溫柔女人。

　　（1）通情達理的女人最溫柔

　　通情達理就是說話、做事要講道理。不分男女都該懂得謙讓，要對自己的另一半體貼，多替對方著想，而且絕不能讓男人在外人面前難堪。在公共場所或人多的地方，你不妨「聽話些，乖一點」，這是對自己的男人最好的恭維。用溫柔滿足男人的「面子」、「裡子」，用似水的柔情俘虜男人的心才是贏得愛情的上上策。

　　（2）同情心為你的溫柔加分

　　同情心為妳的溫柔加分。一個富有同情心的女人在面對自己的另一半時，能夠體諒男人的辛苦與勞累，這種體諒能讓妳將溫柔從骨子裡流露出來，這樣的溫柔可以讓男人感受到，總有一種看不見的溫暖在他身邊柔柔地包圍著，給他一種愛的療癒，這種愛包含著寬容，理解和給予。試問，這樣的溫柔如何能讓男人不動心呢？

　　（3）善良是溫柔的基礎

　　善良是溫柔的基礎。一個善良的女人往往可以寬容男人的錯誤，當男人的言行舉止做得不太得體，讓女人生氣時，或是女人遭到男人

誤會時，如果女人能夠大方地原諒男人，寬容男人，如此設想周到的溫柔對男人是一種不能抵擋的誘惑。

（4）細節之中顯盡溫柔

在感情世界中，真正讓男人感動的不是一個女人做了多麼厲害的料理，而是女人那些適時的細心關懷和體貼，輕聲細語的問候，情深意切的關心，細心周到的照料……這些微小的地方都能讓男人感受到妳的溫柔體貼。細節之中的溫柔，讓男人時時感受到你的貼心，這對男人來說是一種吸引，更是一種致命武器。

（5）柔和的性格讓妳以柔克剛

女人性格要柔和，絕對不能遇到事情不順就暴跳如雷或火冒三丈。首先，女人要瞭解男人多半都是大男人主義的動物，只是占有的比率高低不同的問題而已，女人勢必要懂得以退為進的道理。男人往往是拉不下臉，不必為他的隻字片語大動肝火，退一步海闊天空，當男人犯錯時用溫柔迂迴地引導他自己去發現錯誤，他才能口服心服，才能達到以柔克剛的目的。

貼心忠告

1.溫柔要自然流露

溫柔不是嬌滴滴、說話娃娃音。嗲聲嗲氣的假惺惺是故做姿態，而溫柔是真性情，是天生的本能的氣質，溫柔裡包含著更深刻的事物，不是能生硬地表現出來的，而是生命的一種自然展現。自然流露出來的溫柔是無處不在的，語言、動作、甚至是眼神，都能展露出無盡的溫柔，這種溫柔才是男人無法抗拒的。

2.不要讓溫柔束縛了你

女人溫柔全無，不行；一味地溫柔，也不可取。溫柔也是有限度的。

若男人下班回到家中，女人能遞上一杯熱茶，給他一聲問候，在這種時候，溫柔的定義僅限於一句微笑的話語：「今天辛苦啦」以及一個甜蜜的擁抱。但是如果試圖將溫柔展現到底，對疲憊的男人沒完沒了的甜言蜜語，如此「太溫柔」的結果，只會讓男人覺得更累。如果女人只知道一味地想著男人，想著如何對男人溫柔，那麼也會束縛自己的生活，累人累己，這樣的溫柔對雙方來說都會成為一種負擔。

3.溫柔不是軟弱

女人，妳可以溫柔，妳可以選擇聽男人的話，但妳絕不可以軟弱，沒有主見。女人的溫柔不是軟弱，不是言聽計從，更不是事事委屈自己。

女人可以對男人好，可以溫柔，可以聽他的，但是，前提是妳這麼做是因為妳愛他，而不是軟弱。溫柔是抓住男人心的秘訣，但軟弱則是女人必須要克服的誤區。

Point 7

用責任療敷女人的傷疤

　　有責任感的男人，可以給家庭帶來安全感；而缺少責任感的男人，只能給家庭帶來麻煩與不幸。有錢的男人固然好，但是，如果有錢沒責任，那錢絕不會幫家庭帶來真正的幸福。相反地，有責任感的男人暫時窮困，那麼這種責任感也會改變家庭的命運。

　　男人沒有理由拒絕責任，失去責任心的男人，等同失去一個晴朗的天空，甚至一個多彩的世界。男人要有責任感，無論是在工作還是生活上，有責任感的男人才能讓人有安全感，才能讓人覺得你是一個值得信賴的人。所以男人可以不成功，但是不可以沒有責任感。

社交陷阱

　　也許女人選擇心中的另一半時，先看到的是男人的長相或財富，但是女人決定和男人在一起的關鍵因素還是男人的責任感。一個沒有責任心的男人對女人來說就缺乏安全感，讓女人沒有安全感的男人，不能讓家庭得到保障，自然也無法贏得女人的信賴。

　　有責任感的男人是成熟、穩健、值得依靠的。男人可以不富有，但必須善良體貼，勇於面對任何狀況，對世事的把握有自己的分寸；他可以不浪漫，但會在心愛的人哭泣時擁她入懷；他可以不強壯，但

絕對知道男人該擔當的責任。古今中外，身為男人，大多都承擔著養家糊口的責任，如果一個男人對擁有的愛情沒有責任感，那麼這份愛情基本上就不存在了，即使形式上存在，實質上也早就消失殆盡了。

　　一個女孩就碰上了這樣的一個男孩。兩人開始在網路中認識，開始時男孩一味地訴說自己悲慘的處境，一再地表示他想做一番事業，但是因為沒有資金很是苦惱。女孩理解，很同情他。後來兩人約會見面，女孩發現男孩不僅長得帥氣，而且確實有一番鬥志，女孩認為男孩將來勢必能出人頭地。

　　之後女孩愛上了男孩並開始為他付出。男孩想成立自己的公司，但是苦於沒有資金，女孩出於愛而答應幫助他。然而只要是男孩需要的，女孩就透過網路下單送給男孩，而男孩拿的心安理得，從來沒有關心過女孩的經濟情況是否允許這樣做。女孩雖然對男孩的做法有些不滿，但是出於愛，還是繼續為男孩付出。

　　最後，男孩的公司需要幾萬元的合夥資金，女孩不惜借款為他準備好。但當女孩走到銀行，即將匯款的當下，她卻猶豫了，於是女孩轉身回到家中。女孩在網路上試探著問男孩，如果不借給他錢會怎麼樣，沒想到男孩卻突然生氣地說：「妳沒有能力為什麼答應我要支援我？既然答應了，妳為什麼沒有做到？」男孩竟然將所有的責任和錯誤都推到女孩身上！此時，女孩才意識到，原來男孩不過只是在騙自己的錢。之後女孩雖然斷絕了男孩的聯繫，但是之前的感情付出和金錢上的損失已經再也找不回來了。

　　這樣沒有責任感的男孩，就算是真的能夠擁有自己的公司，也不會有所作為。當他只是一味地向女孩要求，而沒有想到如何承擔起自己應該照顧、關心女孩的感情責任時，他註定的就是失敗的結局。沒有責任感的男人不僅不能，而且不應該得到女人的真心和無私的付出。這也是女人們都應該擦亮眼睛看清的事實。

詭計運用

在愛情的世界裡，男人是一棵在大風大雨中不倒的大樹，要為女人遮風擋雨；男人是一座房子的主樑，是女人心中的支柱；男人的肩膀要承擔女人的傷痛；男人的胸膛要成為女人安全的港灣，這樣的男人才是真正的男人，也才是女人需要的男人。

好男人必須要有責任感，遇事敢拍著胸脯為身邊所有人擔當下他應該擔當的一切。在女人受傷時，男人只要承擔起該負的責任，那麼女人就會得到安慰，使得傷口得到癒合。女人為男人付出是因為愛，而男人回報給女人的不能僅僅是愛，還應該有該承擔的責任。

一般來說男人的責任主要在以下幾個方面。

（1）孝順父母是美德

一個有責任感的男人，一定是瞭解並理解自己父母的辛苦的，而且知道要孝敬父母。一個可以為父母犧牲、付出的男人是最值得信賴的。

在現代社會裡，一些「男人」揮霍著父母的血汗錢來取悅女友，然後又埋怨父母的種種不是，這樣的男人，怎麼能算是男人？記住，真正的男子漢會透過自己的雙手打下自己的天下，會透過自己的雙腿踏平寬闊大道，會透過自己的努力做出成績回報家人。如果連自己的父母都不愛，那對自己的情人也不可能有真情。

（2）勇於承認自己的錯誤

有責任感的男人，一定是勇於承認自己的錯誤，並能在跌倒的地方再次爬起來的男人。如果將自己所有錯誤都歸罪於沒有機會、運氣不好或遇到小人等外在因素，而不是從內反省自己的錯誤，那這個男人一定是沒有責任感的。

一個不敢承認自己錯誤的男人，在未來的相處過程中，一旦兩人發現矛盾，那麼男人首先想到的不是承擔責任而是推卸責任，那兩人的生活又有什麼期待、幸福可言？

（3）責任更是一種行動

有責任感的男人，會將責任付諸行動。在該承擔責任時，他們是實實在在地用行動去承擔自己的責任；當女人受委屈時，他們一定會挺身而出為女人打抱不平；當女人受到傷害時，他們一定會第一時間趕到現場，對女人細心呵護。負責任的男人不是僅僅會說，而是將責任轉為實際行動，這樣的男人才是讓女人放心的男人，也才是女人可以託付一生的好男人。

貼心忠告

❗ 1.正確客觀認識自己

有責任感的男人不會因為自己的能力強而自傲，也不會因為能力弱就自卑。一個有責任感的男人要做到正確認識自己的能力和現狀。在這樣的基礎上知道什麼該做，什麼不該做，並且合理運用自己的長處，規避自己的短處，這是一個男人有擔當，有責任的表現。

❗ 2.對自己負責

男人要有責任感，不僅表現在對別人負責，更要體現在對自己要有責任感。這一點可能會有人覺得不可思議，但其實道理很簡單。我們做事努力不努力只有自己知道，別人很難進行評判。對自己有責任感，就要盡自己最大的努力，不浪費生命，不隨波逐流，不做違背良心的事情。對自己負責任，其實也是對家庭、對社會負責任。

愛情不是網，讓對方呼吸新鮮的空氣

人們可能都有這樣的經驗：手裡的水杯盛滿了水，於是我們提醒自己要小心，不要讓水流出來，但是越是提醒自己，越是小心翼翼，水就越會流出來。愛情有時也是這樣，越是重視，越是想要抓緊，結果卻偏偏總是事與願違。

有這樣一句話：「婚姻是一個金色的鳥籠，外面的人想進去，裡面的人想出來。」這句話表明了愛情的矛盾。對很多人來說愛情是一種束縛，原因在於沒有自由呼吸的空間，所以導致愛情之花因缺少氧氣而逐漸褪色並最終枯萎。

人們總以為相愛的兩個人就應該是一體，要求對方對自己絕對透明，一切行為，甚至包括思想都不允許對對方有絲毫的隱瞞。但是要知道物極必反。有時抓的太緊，往往愛情會如沙一般從手中溜走。

社交陷阱

當愛已不是維繫兩個人的紅線，而成為一人捆綁另一人的繩索，那麼愛就成了一種傷害。抓得太緊往往是給對方戴上了枷鎖，失去自由的愛，不會有快樂的存在。當愛成為一種負擔的時候，要用很多的力氣才能承載，而人的精力往往都是有限的。

當真正願意愛一個人，你會對他很好，想要一直跟他在一起，一輩子霸住他，每天想看到他，聽到他聲音，知道他在做什麼……也許開始兩人會覺得很甜蜜，但是時間長了就會覺得厭煩，覺得對方管自己的太多，有太多的束縛並感覺自己沒了自由。當愛失去了本來的味道，那就會成為一種負擔。所以如果你愛他，請給他自由。否則當愛情這橡皮筋拉的太緊時，到最後只能是一拍兩散。

小荷與小風是在網路上認識的，兩人雖然身處異地，但是經過一段時間的msn聊天，雙方都覺得對方就是自己想要找的那個人。於是小荷放棄了自己在台北的一份穩定的工作，隻身來到小風住的台南，開始時兩人相處融洽也十分相愛，但隨著時間的推移，因為小荷在台南既沒有親人也沒有朋友，所以對小風更加依賴。

剛開始的小風溫柔體貼，對小荷百般體諒，輕聲細語。而小荷對小風的依賴在這種孤寂中卻慢慢地變成了猜忌，只要小風沒在她的身邊，她就會打電話詢問小風的去向，又或者是因為小風手機中出現一個她不認識的號碼而對小風百般拷問。時間久了，溫和的小風在面對朋友善意的玩笑和失去自由的無奈中終於爆發了脾氣。於是兩人整日在爭吵中度過，幾個月後兩人不堪負荷，最終小荷的離開成為了這場悲劇的結局。

這場悲劇是誰的錯呢？小荷為了愛放棄了穩定的工作，隻身來到一個完全陌生的城市，而小風對小荷的包容也可見一斑。其實，最終釀成這種悲劇的原因就在於：「沒有氧氣的愛情會令人窒息。」每個人都有自己的精神世界和私人空間，並不是說他工作之外的時間就全部屬於你，他還有他的朋友、他的父母、他的娛樂、他的愛好。如果抓的太緊，愛情就會像是手中的流沙一樣悄然溜走。所以，愛他就給他自由，氧氣充足的愛情之花才會開得更加嬌豔。

詭計運用

束縛和纏繞，佔有和苛求，只會加速愛情的死亡。感情只會在若即若離，不溫不火中永保活力。愛情之花在溫暖的環境裡，才能開出溫馨而美麗的花朵。這樣的愛情才是人們最好的歸宿，也才能令人流連不捨。

在愛情的世界裡，每對戀人都要遵循一條重要的愛情守則：給對方自己的空間。適宜的距離才不會生膩，相看兩相厭。愛人之間要親密「有間」，在保持各自個性的同時也為自己保留各自心中的一塊自由的綠洲，這樣的愛情才能更加持久，更加穩固。

兩人之間的距離是有界線的，同樣地，雙方所需要的自由也是有界線的，要怎麼樣做到給對方自由，但又不讓雙方疏遠呢？只要掌握其中的技巧和方法，相信不難做到。

（1）相信自己

自信，不論在何時何地，遇到什麼情況，都是十分重要的，在愛情中其實也同樣需要自信。所謂：「情人眼裡出西施」當兩人真正進入戀愛狀態時，對方在彼此眼中都是完美的。不要懷疑，要相信你在對方眼裡就是那個最美的人！

另一方面真正愛你的人也一定會給你自信，有時戀愛中的自信是對方給你的，只要他真的愛你，就會發自內心地欣賞你。人們常說：「戀愛中的人都是神采奕奕的。」相信自己，也就是信任對方，這樣的心理對雙方保持距離都有良好的促進作用。

（2）有自己獨立的工作或生活空間

即使擁有愛情，也要有自己獨立的工作或生活空間。讓自己忙碌起來，就不會有時間去注意對方是不是做了什麼對不起你的事情，或

是對方是不是不夠愛你。當自己的生活有了依靠，自己有能力照顧好自己，那麼愛情就不會成為生活中的唯一。這樣分散自己的注意力，就可以減少雙方在生活中的摩擦，在雙方擁有愛情的同時，也能享受到自由的氣息。

（3）不要經常打電話詢問對方去向

即使在熱戀中也不能試圖時時掌控對方的去向，更不能經常打電話詢問對方的去向。這樣的行為在初期可能被認定為一種關心，但是久了，就會讓對方產生：「你不信任我！」的感覺，雙方的信任感一旦崩壞，那就會因猜忌而鬧到雙方疲憊不堪。成為負擔的愛情，不會走的太遠。

（4）不能過於頻繁的聯絡對方

相愛時雙方由於渴望瞭解對方更多，所以經常會頻繁地彼此聯繫，甚至想要時時黏在一起。其實這樣的相處方式並不能讓彼此間的感情更加深厚，有時往往還會給彼此帶來困擾。由於過多的接觸會讓雙方眼中的愛戀慢慢淡化，當對方可以以一個清醒的頭腦來客觀審視你的時候，你的缺點和小毛病也就隨之暴露出來。如果此時雙方的感情還沒有到達很穩定的狀態，那麼小缺點也能引發雙方的爭吵，而爭吵中愛情又能持續多久呢？

貼心忠告

⚠ 1.關心他的生活

不經常打電話詢問對方的去向，擁有自己獨立的工作或生活空間，並不是讓你對對方漠不關心。畢竟處在愛情中的兩個人對彼此都有責任和義

務，而且兩人之間的關係也是在日常的點滴中累積起來的。

在日常的生活中，你不能隨時追問對方的去向，但是必須要關心對方的生活。打電話時，你要儘量把那些詢問的語句，改成一些體貼、擔心的說法，這樣的效果要比「句句拷問」的效果強很多。

⚠ 2.在他困難時陪在他身邊

在他困難或是遭受痛苦時你要陪在他的身邊。這時自由已經不是他想要的了，他最想要的是你的陪伴和安慰。自由，也是要看時間和處境的，當他正和朋友喝酒時，給他充分的自由能讓他的情緒得到很好的釋放。而在他困難時，自由對他來說就會成為孤單。所以，愛人之間的自由不是隨時隨地的，有時兩個人默默的相伴，更能展現出愛情的珍貴。

INTERPERSONAL MIND TRICKS THAT EVERYONE KNOWS BUT YOU

LESSON
9

該出手時，
大方出手
與對手交鋒的心理詭計

隱藏三分實力，暗鬥讓對手猝不及防

　　如果你想打敗一個勁敵，你會怎麼做？公然向其挑釁？當然這樣也可以，如果你有百分之百的把握能夠獲得勝利的話。但是如果對手的水準與你旗鼓相當，甚至高過於你，那麼你的這種做法還能算得上是明智之舉嗎？

　　仔細想想，我們是不是都有這樣的經驗：

　　如果我們的對手很強大，我們就會提高警覺，私下全力以赴地去準備，不但想方設法地提高自己的水準，還會潛心研究，分析對方的劣勢為何，並制定詳盡的方案；如果對手相對較弱，一開始我們就會在心理上就放鬆警戒，同樣會準備，但更多的卻是漫不經心。最終，在那些看起來難以獲勝的競爭之中，我們贏得了勝利；而在看起來穩操勝券的場合當中卻敗得一塌糊塗。

社交陷阱

　　人類都會有這樣的一種心理：對比自己強大或者勢均力敵的對手抱有警戒心，而對比自己弱小的對手則會不放在眼裡。如果我們能適當地隱藏自己的實力，讓對手同樣放鬆警戒，認為不值得較勁，那麼也不失為一種心理策略。

　　在與競爭對手正面交鋒之前，我們必須不先讓對手知道自己的虛

實，有意地隱藏自己的實力。如果我們具有有利條件，也不要大肆宣揚，暗中的較量能一舉擊潰對手。

二十世紀五○年代是美國汽車工業全面起飛的時期，各大汽車公司紛紛推出色彩鮮豔的新型汽車，以滿足消費者的不同需求，因此銷量大增。但是福特汽車卻始終穿著黑衣，在市場上顯得嚴肅呆板，連帶地汽車銷量也跟著一降再降。

然而，就在這種情況下，無論是對各地要求福特公司供應其他花色汽車的代理商，還是對於公司內部員工提出的建議，福特總是堅決地表示：「福特汽車只有黑色的，我看不出黑色有什麼不好，至少比其他顏色耐看、耐髒一些。」

生產逐漸面臨到瓶頸。福特公司開始裁員，部分的設備停工，甚至將夜班調成日班以節省電費。公司內外人心浮動，連福特夫人也開始沉不住氣。

福特卻笑著說：「這是我的秘密，先不告訴妳，等想好了再說。」他夫人擔心公司裡閒話太多，人心不定。因此她一邊向公司員工解釋，說公司一定會想辦法，大家不要心急，一邊說服福特，試圖讓福特儘早決策。福特瞭解夫人的擔憂，卻信心十足地說：「我們公司待遇高於任何企業，他們不會想跳槽，同時他們也知道我是一個有分寸的人，相信我不跟著市場一窩蜂地生產淺色汽車，一定是另有辦法。」

有人建議，至少我們應該要有新車在市面上發售，而不至於是讓人說我們快倒閉了呀。福特微妙地笑了笑：「讓他們去說吧，謠言越多對我們越有利！」人們覺得很奇怪，問福特是不是正在設計新車款，是不是跟大家一樣，會生產各種顏色的車子？

福特回答說：「不是正在設計，是已經定型了！也不是跟別人一樣，而是我們自己的設計，而且我們的新車比誰的都便宜！」這是福

特一生之中最得意傑作之一──購買廢船拆卸後煉鋼，因此大大降低了成本，為即將上市的A型汽車奠定了一開始就勝利的基礎。經過一段時間的觀測和實驗之後，福特最終做出了最後決策。

一九二七年五月，福特突然宣佈生產T型車的工廠全部停工，這是公司成立二十四年來第一次停止新車出廠。

消息一出，舉世震驚。除了幾個主管高層之外，誰都不清楚福特到底是打些什麼算盤。但奇怪的是，工廠停產之後工人並沒有被解雇，仍然每天上下班。這樣的決策引起各界極大興趣，報上經常刊登出有關福特公司的新聞，這也助長了人們的好奇心。

福特在關鍵時刻，故意賣關子，引而不發，讓別人猜不出他葫蘆裡究竟賣什麼藥。這無非是為了引起更多人的注意，吊起更多人胃口。

兩個月後，福特終於透露，新A型汽車將於十二月面市，這比宣佈工廠停產引起更大的反應。色彩華麗、典雅輕便，且價格低廉的福特A型車終於在人們長期的引頸期盼當中好評上市，此舉果然盛況空前，達成福特公司的第二次業績起飛榮耀。

福特公司由於T型車的開發，確立了在美國汽車工業中的地位。當時面對各家公司以色彩、外形作為武器發起的挑戰，福特並沒有選擇正面應戰，而是養精蓄銳，揚長避短，抓住品質、價格這兩個關鍵點作為最終武器，等待時機成熟，一舉就成為了此場戰役中最大的贏家。

福特在面對整個汽車界的新型競爭時，沒有盲目追風，而是先隱藏了自己的實力，擁有了十足的把握之後才主動出擊，於是成為了汽車界的領軍品牌。

詭計運用

面對強大的競爭對手，為了減少不必要的損失，我們應該先採取退避三舍、故意拖延、隱藏實力的策略，製造假象與對手拖延，一旦時機成熟，就要轉守為攻，一舉擊敗對手。

貼心忠告

❗ 1.丟顆「煙霧彈」吧

在與對手交鋒的時候，我們應儘量不要在言談之中透露出自己的真實想法。如果一個人不能在必要的時候適切地隱藏住自己的想法，那麼他永遠不可能在競爭之中佔據有利地位。因為你的隨便的一句話、隨便的一個動作可能就會出賣你的一切，只有一個能控制自我感情的人，才有可能去看穿他人，甚至控制他人。因此，若能在與對手溝通時，看準時機地放一顆「煙霧彈」，既能迷惑對手，也能為自己爭取更多時間。

❗ 2.不能說的秘密

想在各方的競爭之中奪得勝利，就要守住自己的秘密。保守秘密說來簡單，但卻是難以實行的事，因為人們通常覺得偶爾聊些秘密非常有趣，因為在洩露秘密的同時他們會得到一種滿足感。但是如果你在競爭當中無意地向對手洩露了自身秘密，那麼結果可想而知，對手會在最短的時間內找到打敗你的策略，讓你失去反攻的機會。

Point 2

心胸如宇宙，再多刁難也失去殺傷力

　　有競爭就有輸贏，而有的人為贏得勝利，經常刻意刁難自己的對手。如果競爭雙方都耍這樣低劣的手段獲得勝利，那麼就會導致惡性循環。

　　根據聯合報的一篇報導：「Google遭抹黑幕後藏鏡人是facebook」。

　　內容為美國矽谷近來盛傳某公司雇用公關業者向媒體散發對Google不利的新聞，慫恿媒體調查Google侵犯用戶隱私的行徑。於是矽谷各界猜想幕後黑手八成是蘋果或微軟，結果跌破眾人眼鏡，竟然是正當紅的社交網站facebook。

　　最終臉書發言人坦承不諱，但宣稱Google本來就有隱私權問題。兩強衝突代表網路時代最大規模的鬥爭之一，戰利品是網路廣告的大餅。

　　臉書振振有詞地表示，跨足社交網站領域的Google確實有侵犯用戶隱私權之虞。此外，Google發展社交服務時，用了很多臉書的資料，這種撿現成的做法讓臉書感到不悅，指控Google違反臉書的服務條款。

　　同時，Google全力發展取名為「社交圈」的社交服務，讓臉書備感威脅，決定先發制人。Google的CEO暨共同創辦人佩吉（Larry Page）上個月表示，社交網站是Google今年的首要目標，25%的分紅

取決於Google在社交網站的表現。

但臉書本身似乎也站不住腳，隱私權薄弱一直是用戶所詬病之處。防毒軟體公司賽門鐵克（Symantec）指出，臉書竟然讓廣告業者將保護用戶個資的備份金鑰，外洩給廣告客戶和分析平台，取得金鑰的第三方可用以取得用戶個人檔案、照片、訊息和其他私人資料。

因此讓全世界的使用者都看見了同業之間彼此競爭的醜陋，此舉是否真的值得呢？

社交陷阱

企業與企業之間會有惡性競爭，人與人之間更是如此。當面對對手的惡意刁難時，你不能以其人之道還治其人之身，這樣一來，你只是落入一樣的窠臼，也是一個不磊落的競爭者。只要我們的心胸能大度一點，再多的刁難也能迎刃而解。

競爭對手的刻意刁難並不可怕，可怕的是我們逃避挑戰，一味地沉默或者以牙還牙都不是明智的選擇。如果你選對了化解對手的惡意刁難的方法，或許對方的刁難反而會為你帶來光彩。

二〇〇六年五月，哈佛大學研究生學生會主席競選進入白熱化階段，中國女孩朱成成為備受關注的一匹黑馬。朱成有三個主要的競爭對手，分別是哈恩、吉米和隆德里格斯。

此次的競爭異常激烈，學校裡紛紛爆出參選者的醜聞。此時，隆德里格斯爆出朱成的醜聞，說她以救助南非孤兒為名，侵吞了大量捐款，而那個孤兒卻依然流浪街頭。

這個謠言讓朱成受到了很多學生的質疑。朱成即時在學校召開澄清會，將那個四歲的南非女孩抱到了學校，並且出具了她過得非常幸福的證明，以澄清謠言。哈恩和吉米趁大家注意到隆德里格斯的時

候，又提供了隆德里格斯在一家中國超市裡被警方詢問的影片。說他因為偷竊而被警方偵訊，而有這種行為的人，哈佛怎能夠讓他成為學生會主席？

二○○六年五月十一日，四個候選人一起召開了新聞發表會。朱成走上台，首先說明了隆德里格斯在超市行竊的事，並說自己認識那家中國超市的老闆，也到那家超市過，查明了整件事情的經過。結果發現，事實上，隆德里格斯並不是因為行竊，而是他幫助了老闆抓到小偷才接受員警詢問的。一時之間，整個會場譁然了，隆德里格斯不可思議地抬頭看了看朱成。

在最後投票前的十五分鐘，隆德里格斯宣佈退出，並且號召自己的支持者把票投給朱成。他說，他無法做到朱成的真誠與寬容，他已經輸了……。

這樣，朱成當選了哈佛第一任華人的學生會主席。那些投票給她的學生們說：「他們相信只有內心真正強大的人，才會持續追求公平與公正」。

詭計運用

面對對手的刻意刁難，我們首先要做的就是澄清自己，讓那些子虛烏有的刁難沒有立足之地，然後寬容你的對手，這樣一來，你不僅能讓競爭對手輸得心服口服，也會贏得他人的敬佩。

貼心忠告

　　寬容自己的對手，並不是要你一味地妥協，而是當自己的利益受到損害的時候，我們一定要捍衛自己。那麼，怎樣的寬容才能既捍衛自己的利益，又能讓對手意識到自己的錯誤？

❗ 1.秀出最好的那一面

　　如果你沒有堅強的後臺，那麼只有依靠自身的實力。我們以面試工作為例，如果你要擊敗對手的刁難，那你要先問問自己：是否具有能勝任此項工作的專業技能？是否具有團隊精神？除此之外，你還有什麼特殊的技能？如果你本身擁有的技能是對手所沒有的，那麼即便是對方刻意刁難，你也能輕鬆獲勝。

　　以下是幾個提升自己的小要點：

　　◆利用私人時間學習外語、財經、管理等知識，這些知識你可能暫時用不到，但是一旦有時機可用到，就能顯出你的深藏不露。

　　◆學習攝影、舞蹈或是繪畫，在一些活動中展現你的專長，讓他人知道原來一向敬業的你也是活潑大方、多才多藝。

　　◆開發一些能提升個人修養和品味的興趣，例如繪畫、茶道、陶藝等，哪怕你只是知道一些理論上的東西，都能讓人對你刮目相看。

❗ 2.從不與對手正面衝突

　　很多時候我們會將自己的競爭對手看做死敵，一旦對手刻意刁難便會以牙還牙，以眼還眼。但是這種處心積慮並不會使你成為最後的贏家。

　　不論是在什麼情況下，與自己的對手發生正面衝突，都是最愚蠢的做法。對手的挑釁也許激怒了你，但是如果你以其人之道還治其人之身，也

很有可能反倒「偷雞不成蝕把米」，從而引火上身，造成兩敗俱傷。因為在這場沒有硝煙的戰場上，雙方都自認為實力相當、難分高下。

如果你嚥不下這口氣，衝動起來與對手發生正面衝突，就會使得自己長久以來竭力保持的良好形象大打折扣。讓週遭的人認為你也不過如此而已，甚至如果你的對手評價不好，那麼對你的評價也將會大幅下滑。

一時的血氣方剛讓自己受到了如此大的負面影響，事後無論再怎麼解釋通常也是無濟於事，試想看看，這樣的代價真的值得嗎？

Point 3

示弱非弱者，適時的示弱容易獲得他人幫助

懂得示弱，是一種人生智慧。如果我們坐下來認真想想，就會發現，其實，人在很多時候都是需要懂得示弱，學會彎腰的，當人們在示弱的時候，更容易得到他人的諒解，也更容易得到他人的幫助。雖說示弱容易得到他人的幫助，但是要學會恰到好處的示弱招數，這也不是一件容易的事。

所謂的示弱就是要學會忍讓。每個人都喜歡有話直說，開心就笑，有不滿就說，但是在現實生活中，我們往往會因為大局而不得不做出一些讓步或犧牲。雖然示弱並不能解決所有問題，但是懂得示弱卻是必要的。想在社交中遊刃有餘，就要隨時讓自己保持最佳彈性，要能在適當的場合學會示弱。

社交陷阱

有些人不懂得示弱，無論什麼事都想與他人一分高下，爭得你死我活，搞得自己筋疲力盡、壓力過大，這不但會影響自己的心理健康，還會大大劣化自己的人際關係。

我們在競爭的過程之中，有時硬碰硬未必會有好的結果。在適當的時候採取示弱的策略，能讓你擁有一個良好的人際關係。

安寧是銀行的客服部職員，聰明、能幹、自信。公司有著嚴格的

升遷制度，比她早來一兩年的同事似乎有著很強的優越感，經常對她頤指氣使。於是安寧在心裡暗下決心，要以成績說話，她相信自己只要做出成績，就一定能得到客戶與上司的賞識。

同辦公室還有剛來不久的麗文，她總是遇到很多問題。其他人都是各忙各的，只有安寧，每次麗文遇到問題的時候都會伸出援手。

因為勤奮，也因為樂於助人，漸漸地安寧開始美名傳揚。幾乎整個銀行都知道客服部有個安寧，雖然新來不久，但是卻很能幹。

因為自己確實做出了一定的成績，因此安寧對每年例行的人事調整充滿了信心，一直在等待上司親口告訴她被提拔的好消息。但是結果卻讓安寧非常意外，麗文榮升了，而自己卻是原地踏步。

百思不得其解的安寧向自己的好友發牢騷。好友在聽完她的抱怨之後說了這樣一番話：「因為妳太強了，所以大家都覺得你不需要晉升。誰知道妳晉升之後會怎麼樣呢？而麗文就不一樣了，她可愛、嬌弱，人人都願意幫助她。還有一點就是提升麗文這樣的人，至少不會妨礙自己的位置。」好友的一番話讓安寧恍然大悟。

此後，安寧開始有意識地改變自己：改變了自己從不求人的做法，在工作上遇到困難就會向同事請教；改變自己獨來獨往的習慣，主動與同事們接觸，並且有意地暴露自己的小缺點，讓同事們看到自己的另外一面。沒過多久，安寧的人際關係有了很大的改善，兩年之後，安寧順利地被提拔為客服主任。

人們在面對比自己強的人時，往往心存戒備。如果你總是強調自己的優勢，無疑是在給自己樹敵，很容易引起對方的敵意。如果你能放低姿態，懂得示弱，就能消除對方的敵意，甚至可以得到對方的認同和支持。

詭計運用

適當的示弱是一個非常有效的人際交往法則。一個懂得示弱的人，不管他有多麼優秀，都不會讓人感覺到威脅，也不會引起他人的敵意，反而會贏得更多的讚美與幫助。

貼心忠告

示弱，是維持生存的需要。我們都知道，在自然進化的過程中，越是善於示弱的動物，越能有效地保護自己。例如烏龜在遇到強敵的時候不是與之爭鬥，而是將自己柔弱的四肢縮到硬硬的龜殼內以自保。自然界尚且如此，人也不例外。適當的示弱是一種障眼法，是保護自己的一種方式。我們在向他人示弱的時候，應該注意哪些方面呢？

1.承認自己的無知，虛心求教

很多人在進入一個新的環境之後，往往急於顯示自己的能力，但是這種鋒芒畢露的做法會使自己陷入被動。為了避免給他人留下處處爭先的印象，你最好要適當收斂自己的光芒，腳踏實地一步步前進。當我們進入到一個全新的環境之後，肯定會接觸到一些沒有接觸的或者不精通的事物，這時你就應該先承認自己的無知，不懂的地方就要向同事和前輩請教，你這樣做不但不會給別人留下蠢笨的形象，反而會增加自己的信任感，讓人更願意接受你。

❗ 2.有時也要難得糊塗

「難得糊塗」，簡單的四個字就道出了人生的大智慧、大哲學。在競爭中，你也不妨難得糊塗一次。當你遇到喜歡吹毛求疵、找麻煩的對手時，最好的辦法就是裝糊塗，在他還沒有挑明話題之前，先下手為強，裝作自己不懂向他請教或者轉移話題，這樣以退為進，相信他就不會為難你了。

有時對手會編造一些流言蜚語來打擊你，這些無中生有的話會讓人感到強烈的壓力，如果自己忍不住先爆發了，會給好事者製造更多的口實，流言傳播的速度會更快。在這種情況下，你不妨進行冷處理，無論別人怎麼說，相信清者自清，流言自然也會慢慢消散。

❗ 3.學會低調的處世之道

有些人喜歡出風頭，覺得只有被人讚揚才意味著自己受到了肯定，心裡才會有成就感，因此他們非常在意他人對自己的評價，一個心思討好他人，希望博得讚美。但是有句話叫「槍打出頭鳥」，「出頭鳥」的鋒芒往往會刺傷周圍的人，讓人避之不及，有時還會成為眾矢之的，在競爭中首先被踢出局。

競爭的勝利靠的是實力而不是他人的評價，如果過於在意他人的評價並為此花費大量的時間和精力是不值得的。面對一時的榮辱得失，我們不妨沉澱，把所有的精力放在如何提高自己的實力上，只有積蓄實力，你才能在競爭激烈的社會立於不敗之地。

得饒人處且饒人，給別人退路
就是為自己鋪後路

在人際交往中，因為每個人的智慧、經驗、生活背景、價值觀都不相同，因此與人相處免不了有一些意見分歧，甚至導致一連串的爭鬥，不管是利益上的爭鬥還是是非利益上的爭鬥，這種戰爭在競爭異常激烈的現代社會更是司空見慣。

有很多人在這種爭鬥中佔據了有利的地位，也就是說得了一些「理」，便不饒人，非逼得對方服輸不可。這種做法雖然會讓你得到了暫時的勝利，卻同時為下次的爭鬥埋下了伏筆。

有這樣一個寓言故事：

有一頭大象在森林裡散步的時候，無意中踩壞了老鼠的家。大象很慚愧地向老鼠道歉，可是老鼠卻對此耿耿於懷，時時刻刻找機會報復大象。

有一天，老鼠看到大象在樹下睡覺，邊想著報復大象的機會終於來了，於是決定咬大象一口。但是大象的皮很厚，老鼠根本咬不動，無奈之下，老鼠把目標鎖定在了大象的長鼻子上。它鑽進大象的鼻子裡，狠狠地咬了一口。這時大象感覺鼻子一陣刺痛，猛烈地打了一個噴嚏，將老鼠噴得好遠，老鼠反而被摔個半死。

老鼠對來探望它的同伴說：「記住我的教訓，得饒人處且饒人。」

寓言中的老鼠就反映了現實生活中的某些人：他們得理不饒人，

小肚雞腸。這些人往往為了一些雞毛蒜皮的小事爭得不亦樂乎，非得分出是非對錯，這樣做不僅浪費了時間，還會影響彼此間的感情，得不償失。

社交陷阱

「理」是我們說服他人，贏得勝利的有力武器，但是如果僅僅抓住一個「理」，而揪住對方的「無理」死不放手，不但讓對方下不了台對你產生怨恨，也會給周圍的人一種不易相處的印象，降低自己的親和力。

所謂的得饒人處且饒人，就是說雖然自己佔有了「理」字，但是也要給對方留有一定的面子，只要他知道自己是錯的就可以了，沒有必要非得爭出個你死我活來。

漢朝時有一個叫劉寬的人，為人寬容仁厚。有一次有人曾錯認了他駕車的牛，硬說劉寬的牛是自己的。這要是換了別人，不將那人抓到官府去治罪也要狠狠地揍他一頓不可，可是劉寬卻什麼也沒說，叫車夫把牛解下給了那個人，自己步行回家。後來那人找到自己的牛，並把牛還給劉寬，向他賠禮道歉，而劉寬非但沒有責備那人，反而好言安慰了他一番。劉寬的宅心仁厚自然得到了村人的愛戴。當然，我們並不是要求人們能做到像劉寬那樣，只是希望人們在一些非原則的問題上能夠站在高處，理解別人，寬恕別人。

詭計運用

　　得饒人處且饒人並不是「窩囊」，它給你帶來的是對方的感激，周遭他人的欽佩。如果爭論的是重大的是非問題，自然要辯明是非曲直，但是如果是無關痛癢的小問題，忍讓後退一步也未嘗不可。

　　華人一直以來的傳統都是忍讓、克制，其實懂得原諒別人的人才是真正的聰明人。麗娜是公司的老員工，因此在新員工面前有著強烈的優越感，經常將手裡的工作分給新同事。新同事小王剛來的時候幫她做了不少工作，但是隨著小王工作量的增加，漸漸就不能幫麗娜了，這讓她有了失落感。小王有個不好的習慣就是喜歡在工作的時候吃零食，一次被上司看到了，自然受到了批評。麗娜聽到批評之後如得聖旨，遇到人就說小王的毛病，甚至也在經理面前告小王的狀。小王自知有錯，只好忍氣吞聲，發奮工作，竟得到了同事和上司的好評，而麗娜的得理不饒人讓同事和上司留下了惡劣的印象。半年之後，小王被提拔為麗娜的頂頭上司。這樣的結果似乎是意料之中的，如果你選擇一個人做同事，你當然會棄麗娜選小王；如果是你提拔下屬，當然也會棄麗娜選小王。

詭計運用

　　沒有一個人願意與小肚雞腸、得理不饒人的人共事和生活，因為他們會在工作和生活中吹毛求疵。人與人之間總會發生爭執，一旦有了糾紛，點到為止即可，應該避免過分數落、指責對方，這樣不但不能解決問題，反而會給他人留下沒有氣度的印象，影響自己的人際關係。

LESSON**9** 該出手時，大方出手——
與對手交鋒的心理詭計

273

貼心忠告

得理饒人，說來容易做起來難。因為在與人相處時，尤其是在與競爭對手相處的時候，更容易引起人們的求勝心理。但是如果能給別人留一條退路，也就相當於給自己鋪了一條後路。那麼，當你抓住「理」的時候，應該注意什麼呢？

1.瞭解得理不饒人的原因

不知道大家有沒有這樣的經驗，當我們得理不饒人時會出現以下症狀：

◆ 最後一根稻草

讓你憤怒到得理不饒人的事情，往往可能只是一條看來沒什麼的導火線，而真正的原因其實是你長時間不滿情緒的堆積，造成失控爆發罷了。

◆ 就是有理

有些小事情，本來是可以很簡單地解決的，但是因為有理的一方正處在天時地利人和的優勢情況下，情緒自然激動，因此抓住痛點，向無理的一方發脾氣也是理所當然。

◆ 來了個出氣筒

有一個合適的發洩對象也是造成我們得理不饒人的態度之一，如果我們只有惡劣情緒，卻沒有發洩對象的話也是無濟於事，只是先氣死自己罷了。

知道了造成我們得理不饒人的原因，就要自我反省了。人都有犯錯的時候，你的得理不饒人也可能會換來日後別人的對你的「不饒之報復」，如此只會給自己日後的工作和生活帶來隱憂。

❗ 2.克制憤怒

　　心裡的憤怒是得理不饒人的燃點，一觸即發。雖然發洩自己的怒氣是不錯的辦法，但是也要看場合看對象。遇到不順心的事就發脾氣，得理不饒人的人不會有知心朋友，即使有也會慢慢疏離你，因為誰想一直當別人的受氣包呢。當火氣上來的時候，不妨用運動發洩自己的情緒，或者做自己喜歡的事轉移注意力，又或者是與好友抱怨一番發洩怒氣，總之，得理不饒人是一種最愚蠢的發洩方式。

❗ 3.給別人退路就是給自己後路

　　如果「得理」，那麼適當地發洩一下是允許的，但是一定要記住給對方留下退路。因為善待別人也是善待自己，你無法保證將來你絕對不會犯這樣的錯，在留給別人退路的同時，也幫自己鋪了後路。人要能站到高處，往好處想，看到對方好的優點，便能理解別人，寬恕別人。

記住，合作雙贏永遠好過兩敗俱傷

　　每個人在與對手競爭的時候，腦袋裡想的都是如何可以將對手打敗，卻很少想到與客戶合作雙贏。古語說得好：「智者千慮必有一失，愚者千慮必有一得。」在這個充滿競爭的社會裡，每個人都有著與眾不同的本領，每個人的想法都不能忽視。

　　相信大家都聽過這樣一個故事：

　　一隻河蚌張開蚌殼在河灘上曬太陽。正當河蚌在暖暖的陽光底下漸漸放鬆警戒的時候，飛來了一隻鷸鳥，伸嘴去啄河蚌的肉。河蚌馬上把蚌殼合起來，緊緊夾住了鷸鳥的嘴巴。

　　河蚌和鷸鳥就這樣僵持起來，誰都不肯讓步。鷸鳥想：「今天不下雨，明天不下雨，就能有死蚌肉。」河蚌想：「今天不放你，明天不放你，就會有死鷸鳥。」但是牠們的如意算盤都沒有實現，因為一個漁夫看見了這種情況，不費吹灰之力就把它們一起抓走了。

　　這就是惡性競爭的後果：兩敗俱傷。人無完人，要想在某方面取得成功，總是少不了他人的合作。

社交陷阱

　　很多人將對手視為洪水猛獸，兩兩相爭，必有一傷，甚至是兩敗俱傷。但是如果我們能換一種角度，各取所長，兩兩互補，可能彼此都會取得1+1＞2的效果。

合作，似乎只存在於夥伴、同事之間，與競爭對手之間的合作並不多見。如果我們都能後退一步，化干戈為玉帛，結果要遠遠好於魚死網破的競爭。在美國，有很多高速公路都是在荒無人煙的沙漠中穿過，在公路上行駛時，一發生汽車拋錨、油被耗盡的情況時，司機就只能在沙漠中等待其他過路車輛的支援。

有一個聰明人約翰看到了商機，他在一條公路旁修建了一家小型加油站，提供加油、修車等服務。而因為沿途只有這一家加油站，因此他的生意非常好。

約翰的鄰居傑克見狀非常羨慕，準備在約翰加油站旁邊也開一家，希望也能大賺一筆，但是父親卻極力阻止，並建議他開一家小旅館，或許更能獲利。父親是這樣說的：「約翰的加油站已經能夠滿足過往車輛的需求了。如果你再開一個，肯定會形成惡性競爭。而開家小旅館，則是和他互利，並會開發出另一個市場。」傑克覺得父親說得對，也聽從了父親的建議。於是，司機們在這條公路上不僅可以加油也能到小旅館吃飯、休息一下。約翰和傑克的生意也越做越興隆。

我們試想一下，如果傑克也開一家小型加油站，那麼兩個加油站肯定會陷入無休止的惡性競爭中。兩個加油站為了爭奪客人，勢必會進行降低價格、提供更多服務等一連串的競爭，這樣一來就會減少各自的盈利，得不償失。而開一家旅館，司機加油、修車的等待時間就可以去休息一下，司機在休息的同時也可以順便去加油，互惠互利。

詭計運用

截長補短是合作的最佳方式，因此你在與對手合作的時候，一定要分析自己和對手的優勢和劣勢。如果拿出自己的劣勢與對手合作，那麼你非但無法成功，還會被對手輕視。

從心理上說，一般人都有一種互惠心理，即得到別人的好處之後會想著要回報對方，禮尚往來就是這個意思。你的對手也不例外，如果你可給對方一些好處，對方也會有所表示。在第一次世界大戰中，發生過這樣一件事：

德國有一種特種兵的任務是深入敵營後，去抓俘虜回來審問。有一個特種兵以前曾經多次順利完成任務，這次他又熟練地穿過兩軍之間的地域，出現在敵軍的戰壕中。一個落單的士兵正在吃東西，毫無戒備，一下子就被俘虜了，他手中還舉著正在吃的麵包。這時，他本能地把一些麵包遞給突如其來的德國兵。面對這一舉動，德國兵很震驚，結果，他釋放了這名俘虜，雖然他將會得到長官的懲處。

是什麼原因導致德國兵釋放了俘虜呢？就是因為這種互惠心理，讓他產生既然得到了別人的恩惠，就應該向對方回報。而釋放俘虜，就是他當時唯一能做的了。試想一下，在硝煙彌漫的戰場，一片小小的麵包尚且能夠打動人心，那麼，在我們的生活中，你是不是也可以用一點小小的恩惠來打動自己的對手呢？

詭計運用

當我們給予他人一些好處的時候，人們會產生一種想法：給予是一種責任，接受是一種責任，償還也是一種責任。強大的互惠壓力會促使人們去回報送給自己禮物的人，即使這些禮物並不是你想要的。

貼心忠告

美國著名拳擊手傑克·登普希（Jack Dempsey）每次比賽前都要做一次祈禱，朋友問道：「你在祈禱自己打贏嗎？」「不，」傑克說道，「我只是祈求上帝讓我們打得漂漂亮亮的，都發揮出自己的實力，最好誰都不要受傷。」這就是雙贏的智慧。

1.公平是合作的基礎

想實現合作雙贏，雙方就應該在平等的前提下進行溝通，這樣才能達到預期的效果。如果沒有公平、平等的氛圍，位置較高的一方會居高臨下，使另一方不舒服。位置較低的一方當然也會心存不滿，不會全心全力。這樣一來，資訊的傳遞就會大打折扣，合作也達不到理想的目標。

2.發揮傾聽的作用

在合作的過程中，雙方肯定會針對一些問題進行討論。在溝通中，當對方發表意見時，你一定要認真傾聽，切忌打斷對方或者插話，更不要對對方的觀點妄加評論。你一定要聽清楚對方的觀點，必要時進行詢問或者記錄，在對方說完或者得到對方的允許之後才能發表自己的觀點或提出自己的意見。如此，對方就會覺得自己是被尊重的，合作也會更順利。

3.對事不對人

如果在合作中雙方的意見出現分歧，在與對方的辯論中，你要就事論事，不能進行人身攻擊。你要根據事情本身的利害關係向對方解釋清楚，以得到其理解和支援。

Point 6

是對手也是朋友，微笑留在臉上，較勁放在心裡

在生活節奏日益加快的現在，競爭也越來越激烈，一不小心就會喪失往上爬的機會、賺取財富的機會等。因此有很多人把身邊的對手視為眼中釘、肉中刺，欲除之而後快。他們總是抱著這樣的心態：只要身邊沒有競爭對手，那麼所有的機會就都是自己的。但是真正聰明的人從來不懼怕競爭對手，反而從競爭對手那裡找到進步的動力，因為他們知道沒有競爭對手對自己沒有什麼好處，甚至還會讓自己失去不少動力。

其實懂得與對手和諧相處的人才是擁有大智慧的人。因為在與對手相處的過程中，你會看到對手的弱點，以警醒自己；你還可以看到對手的優點，以完善自己。因此，我們甚至可以這樣說，對手也可以是朋友。

當春天來臨、冰雪消融的時候，在海裡休眠的沙丁魚紛紛甦醒，開始向近海岸洄游繁衍下一代。但是等待牠們的不只有美麗的景色，還有那些捕捉牠們的海豚。

由於海豚每隔一段時間必須浮出水面呼吸，因此牠們在淺水海域的進攻最有效，一旦沙丁魚進入深海，海豚便無計可施了。幾十個回合下來，海豚還是沒能打敗這些靈敏機智的沙丁魚，漸漸放棄了。然而在這個時候，海豚的大敵鯊魚出現了，牠們朝著海豚游過來，但是當鯊魚看到被海豚控制的沙丁魚群時，立刻改變了目標，開始向沙丁

魚下方游去。這樣一來，沙丁魚腹背受敵，成為了海豚和鯊魚的美餐。

有句話說的好：「沒有永遠的敵人，也沒有永遠的朋友。」你上一秒還在與對手為各自的利益劍拔弩張，下一秒就可能為了共同的利益合作。因此，你也要像對待朋友一樣對待對手，雖然暗中較勁，但也要把微笑掛在臉上。

社交陷阱

我們和競爭對手之間往往存在著非常微妙的關係，由於情況不斷變化，有時對手的關係大於朋友，有時朋友的關係大於對手。如果我們一味把對手當做死對頭，當有共同利益的時候，對手也不會考慮與我們合作，會給自己帶來更大的損失。

如果我們自己成功了，一定是歡心雀躍，而對手成功了，你會有什麼反應呢？不屑、妒忌還是質疑？其實，如果面對對手的成功，你能由衷地說一句恭喜，將是一件非常了不起的事。

有人可能覺得為對手的成功喝彩會加深自己的失落情緒，其實並非如此，在對手成功時，你的喝彩是最好的禮物，一九九二年美國共和黨總統布希和民主黨候選人柯林頓以及獨立黨候選人佩羅競選美國總統。在戰況激烈的投票之後，柯林頓以接近一半數量的公選票和三百七十張選舉人票當選為美國第四十二任總統。柯林頓在當選總統後曾參加他的支持者舉辦的聚會。在聚會上，身在異地的布希透過電話祝賀柯林頓當選總統，並表示自己會和白宮各級人士共同努力，全力以赴做好交接工作。為對手喝彩，這不是示弱的表現，反而是表現了自己的氣度。

詭計運用

為對手喝彩，即是一種鼓勵，也是一種自信，更是一種風度。因此我們要不吝惜為對手喝彩，如此既能贏得對手的尊重，也能為自己迎來更多的友善與合作。

很多人絞盡腦汁除掉競爭對手，卻從來沒想過如何與之共處。其實，與其想盡辦法把對手踩到土裡，不如與之和諧相處。一家公司招聘，最後有三名相對不錯的應徵者留到了最後一輪面試，面試的題目只有一個，你們三個人一同去沙漠探險，然而糟糕的是在你們返回的時候車子拋錨了，可是還有很遠的路程才能走出沙漠。現在有七種東西可供你們選擇：鏡子、刀、帳篷、水、指南針、火柴、繩子。條件是每人只能選擇四種，並且水只有一瓶，帳篷只能睡兩個人。

面試官要求應徵者把答案寫在紙上。A想防人之心不可無，必須帶把刀。只有一瓶水，帳篷也只能睡兩個人，如果那兩個人為了爭奪水和帳篷害我呢？帳篷和水是不可或缺的，火柴也很重要。因此他選擇了刀、帳篷、水、火柴。

B想到了他們三人，沙漠裡不可能有生命，因此刀就沒有必要了。帳篷雖然只能睡兩個人，但是他們可以輪流站崗；水雖然只有一瓶，但是可以節約一些；火柴必不可少；如果風沙很大的話，可以用繩子將三個人綁在一起以免走失，於是他寫下了帳篷、水、繩子、火柴。C的想法與B不謀而合。最後通過面試官的單獨提問，三個人都把自己的想法說了出來，最後B和C通過了面試，成為了公司員工。

一個人能不斷取得進步，與對手也有著密切的關係。因為只有不斷超越對手，你才能贏得勝利。人與人之間需要競爭，但是也需要和諧的關係。只有在和諧的氛圍下的競爭，才更能推動社會的不斷發展。

詭計運用

懂得為競爭對手考慮，就能建立一個公平競爭的良好氛圍。因為我們的競爭不是體現在誰表面的氣焰高漲，而是體現在貨真價實的實力上。

貼心忠告

人的一生都在競爭，學習時與同學競爭，工作時與同事競爭，戀愛時與情敵競爭……但是當面對競爭對手的時候，我們應該怎麼做呢？橫眉冷對還是冷嘲熱諷？其實都沒有必要，因為換個角度看，對手也是另一種朋友，他能激勵我們不斷地向更高的目標奮鬥。

🛈 1.面對對手，不要吝惜你的微笑

很多人在看到對手時如臨大敵，神經緊繃，甚至周圍的人都能感受到其劍拔弩張的緊張氣氛，其實也大可不必。在面對對手的時候，如果你也能夠報以友好的微笑，不僅讓周圍的人感受到你大度的胸懷，還會讓對手欽佩你的豁達。反言之，你越是緊張，人們越是會覺得你畏懼對手，甚至連對手都輕視起你來。

🛈 2.要友好，也不能放鬆競爭

與對手保持良好的關係是必要的，但是你一定要繃緊一條線，那就是他是你的對手，可能你上一秒還在跟他談笑風生，下一秒就是針鋒相對的時候。如何贏得勝利是你最應該關心的問題。

INTERPERSONAL MIND TRICKS THAT EVERYONE KNOWS BUT YOU

LESSON
10

察言觀色，
偷走客戶的心
掌握顧客心思的心理詭計

Point 1

閉上嘴，傾聽讓你更有人氣

　　音律之優美，唯有傾聽才能體會；話語質動聽，唯有傾聽才能懂得；人性之智慧，唯有傾聽才能發現。人與人之間的和諧相處，必不可少的就是傾聽。想要瞭解一個人，你就得學會傾聽他的心聲；你想成為別人的朋友，你就得學會傾聽他的煩惱與快樂；你要與別人合作，你得學會傾聽他的意見。

　　傾聽的作用無處不在，在家人之間，傾聽有助於家庭生活的和睦；在朋友之間，傾聽有助於贏得朋友的信任和重視；在同事之間，傾聽有助於提高合作效率。總之，在這個人與人之間無時無刻都在進行著各式各樣交際的社會中，傾聽是一種非常重要的溝通技巧。

── 社交陷阱

　　你的側耳傾聽，能夠讓對方暢所欲言地表達自己的意見和要求。這樣一來，你既能滿足對方表達自己內心需要的需求，又可以讓他們明顯感受到你的關心和尊重。

　　傾聽在我們的日常交往中不僅僅是為了獲取資訊，更是為了表達對他人的尊重。如果你在他人說話時能耐心傾聽，那麼你可能因此多了一個朋友。

　　柴克是一位廣告公司的業務人員，經常需要與客戶洽談，商議廣

告的設計方案。但是他的聽力有些問題，為了避免遺漏重要內容，每當客戶說話的時候，柴克都要集中精力，雙眼緊盯著客戶，甚至連客戶一個微小的動作都不會錯過。後來，柴克發現這樣實在是太辛苦了，因此就裝了一副助聽器。戴上助聽器之後果然不一樣了，柴克很輕易就能聽清楚別人說話了。在以後的洽談會上，柴克再也不用盯著客戶了，他甚至有時間打量會議室的裝潢，甚至可以聽到會議室外面有人經過的聲音。但是這些並沒有為柴克帶來絲毫的好處，因為客戶再也看不到那個認真傾聽的柴克了。終於有客戶忍不住對他說：「柴克，你能把你耳朵上那玩意兒拿下來嗎？我想看到那個認真傾聽的柴克。」此時，柴克才意識到原來聽力不好竟然也是一個優勢。

我們常常會有這樣的疑惑：「我真的有在聽啊，你還有什麼不滿意的？」，「聽」與「傾聽」，雖然只是少了一個字，卻有著天壤之別。聽，只是一種本能，是一種純粹的生理機能的反應。我們在聽的時候，可以很輕鬆，我們甚至可以說聽只是一個工作；而傾聽就不一樣了，傾聽是一種不斷學習和練習的技巧，它具有很強的目的性，需要你集中精力，而且需要你在眾多的資訊中篩選出有價值的進行交流。我們可以說傾聽是由聽而引發的一系列的連鎖反應。

詭計運用

認真有效的傾聽會為你帶來更多的朋友，因為你的傾聽會讓他人感覺到自己備受關懷。我們在與人來往的時候，為了給他人這種感覺，甚至可以創造機會讓對方說話，找到主題讓對方說話。傾聽比滔滔不絕地說更能得到他人的青睞。

貼心忠告

　　傾聽看似簡單，但卻是一門需要不斷修改的藝術，並不是每個人都能做到有效傾聽，因此我們若想在與人交往時實現有效傾聽，就要不斷改善自己的傾聽技巧，你可以這麼做：

1.全心全意

　　集中精力、專心致志地聽是傾聽最基本的要求。我們在與他人相處的時候，要做好充分的準備，例如心理準備、身體準備、態度準備、情緒準備等，以一個積極向上的態度與表情去面對與他人的談話將會更好。疲憊的身體、毫不重視的心理、不能集中的精神和消極的情緒都會讓你的傾聽感覺沒有那麼有誠意。

2.選擇性地傾聽

　　有選擇地傾聽與集中精力傾聽並不矛盾，因為有選擇地聽必須建立在專心傾聽的基礎上。我們在說話的時候不可能每句話都代表了內心的真實想法。人們在談話的過程中雖然會透露一定的資訊，但是這些資訊可能是無關緊要的，也可能對整個溝通過程有至關重要的作用。對於這些資訊，你應該在傾聽的過程中仔細注意，一方面以避免遺漏或者誤解對方的意思，另一方面還能使對方得到鼓勵，他們會因為找到了熱心聽眾而增加談話的興趣。

3.不打斷、不插話

　　一個人如果正說在興頭上時，突然被打斷了，那麼繼續說下去的熱情肯定會冷了一大半。如果心情不好，還可能會對你大發雷霆。因此，當他

人談話熱情高漲的時候，你可以予以簡單的回應，除此之外，切忌隨意插話或接話，更不要不顧及對方的感受地隨意另起話題。

4.注意傾聽的禮儀

在傾聽的過程中，你要盡可能保持禮儀，這樣既可以顯得自己有涵養、有氣質，又能表達你對對方的尊重之意。例如，在傾聽時，要有視線接觸、不要東張西望；身體前傾、表情自然；甚至是隨時用筆把對方的意見記錄下來；不要只做做樣子、要真正做到全神貫注；插話時要請求對方允許、並使用禮貌用語。

5.積極回應對方

要獲得良好的傾聽效果，不僅要聽，還必須有回饋的表示，例如點頭，或者重複一些重要的句子，或提出幾個對方關心的問題。這樣，對方才會因為你的專心傾聽而說出更多自己的觀點。

如果你只是一味地聽，不回應也不適時地發表自己的意見，對方就會認為你心不在焉，自然也就沒有與你繼續交談的興趣。

6.用提問引導他人說話

由於種種私人原因，有些人常常不願意主動透露相關資訊，這時如果僅靠一個人唱獨角戲，那麼這場交談就會顯得非常冷清和單調，而且這種缺少互動的溝通通常都會歸於無效。為了避免冷場而實現良好的互動，你可以透過適當的提問來引導對方敞開心扉。你可以透過開放式提問的方式使對方更暢快地表達內心的需求，例如使用：「為什麼……」、「什麼……」、「怎麼樣……」、「如何……」等疑問句來發問。

解析談話中的神態密碼

　　在工作職場或日常生活中，我們表達意見的方式不外乎是透過言語交談，而在與他人交流想法時，社會化的過程早已讓人們懂得選擇性地吐露真言，這意味著如果我們有意去確認他人的真實想法，那麼光是靠表面的語言去理解是不夠的，往往還得觀察其他的非語言訊息，例如對方的表情、說話的速度與音調、慣用的手勢等等。

　　古語云：「觀其感變，以審常度。」大意是指觀察一個人的情感與外在表現是否相互呼應、是否合乎常情，就可察知其言行真偽。舉例來說，當一個人的說話語氣愉快時，在一般情況下，他的臉部神情、舉手投足間也會流露出欣喜之情，但是如果他此刻卻展現出僵化的神態與舉止，那麼顯然他的愉悅口吻是言不由衷，此時你就要提醒自己提高警覺。

社交陷阱

　　由於人們的頭部動作會反映出和外界接觸時的內在情緒，相較於有聲語言的影響力來得更加顯著，因此在判讀他人的頭部動作時，不應拘泥在既有的認定下，而應依據當下的對話情境推敲其背後意義，進而，真實地了解你的同事、上司，讓彼此共事起來更順利。

一般常見常見的頭部動作如下：

◆ 點頭

當對方對於你的言論表示肯定，或是希望你多發言，此時多半會以點頭傳遞「我正在聆聽」或「請你繼續說下去」的訊號，相對的，當你希望引發對方的談話興致，或是試圖誘導對方持續發言，就能以點頭的動作讓對方瞭解你肯定他的說法，以及你瞭解他的言論觀點。

儘管點頭的動作帶有肯定、支持、認同、讚許的意思，但在談話過程中，一旦對方點頭的次數超過三次以上，這就反而代表了否定、不耐煩的意思，尤其是點頭的動作明顯與談話內容不甚相關時，通常意味著對方心不在焉，或是企圖隱瞞某些事情，因此解讀他人的點頭動作時，為了避免落入誤判情勢的窘境，都務必要留意當下的對話情境。

◆ 搖頭

從身體語言的角度來說，人與人交談溝通時，搖頭的動作帶有拒絕、否定、不認同、反對的意思，而在日常生活中，有些人也會習慣性地搖頭晃腦，這類型的人多半具有高度的自信心、強烈的主觀意識，也正因為如此，他們自成一格的行事準則很容易招致他人的反感。不過由於他們擅於在社交場合表現自我，面對艱難的工作任務也會勇往直前、毫不怯懦，因此與他們共事時，若能維持良好的雙向溝通，他們將會是深具爆發力的工作夥伴。

◆ 低頭

頭部低垂的動作帶有低姿態、謙卑、害羞等意思，而當職位較高者出現低頭動作時，往往是向部屬傳達友善的訊息。職場裡的日常互動中，有些人會習慣性地低頭，通常這類型的人具有工作勤勞、凡事慎重以對的性格特點，而且對過分激烈、草率魯莽的事情較不欣賞，因此在處理工作事務時，他們也會特別留意細節，謹慎執行；若想與

他們共事愉快，有計畫性的工作規劃，以及穩重、理性的溝通態度，將可獲得他們的信任與支持。

◆ 拍打前額或後腦

拍打頭部的動作經常表示懊悔、自責、沮喪，但依據拍打頭部的位置不同，其所傳遞的性情訊號也有所差異。習慣拍打前額的人具有性情率真、富同情心、反應直接而坦率的性格特質，在工作上，他們善於替人著想，也樂於助人，因此十分適合團隊工作或小組作業；習慣拍打後腦的人，多半較不注重感情，但對工作目標執著，樂於學習新知，通常具有開拓精神與工作毅力。

◆ 頭部前傾或後仰

在交談過程中，當人們的頭部往前傾時，大多是表示專注、注意力集中、聚精會神，但假使頭部雖是前傾，卻又以眼神瞪視著對方，則是表示不滿或不認同對方，因此要解讀頭部前傾的身體語言是友善還是帶有敵意時，應當配合對方臉部表情的變化再進一步判斷；習慣頭部往後仰的人，通常具備高度的自信心，甚至有遇強則強、桀驁不馴的性格特色，因此與這類型的人共事時，宜採取柔軟的溝通態度，假使遇到雙方觀點不一致時，也應口氣平和但立場堅定，以免刺激對方產生情緒反彈，導致對話流於意氣之爭。

詭計運用

我們不難發現一個人的肢體動作不僅能輔助他的言談內容，也能洩漏出他內心的情感與思維的變化，尤其悄然隱藏在肢體動作背後的性情投射，更是不加掩飾地對外展現。在高明的觀察者看來，人們的一舉一動、一顰一笑都反映著生理與心理的情況，因此，藉由觀察並解讀他人的頭部動作，我們除了能掌握住對方當下的情緒與想法之外，對於他的性格與行事風格也能有所推斷。

貼心忠告

　　我們在與人交談時，既要理解對方說話的語意，也要觀察他所展現的外在行為，因為即使人們慣於隱藏自己的真實情緒與想法，但外在舉止、神情態度仍然會洩漏蛛絲馬跡，你可以這麼觀察：

❗ 1.視線移動的方式

　　在交談過程中，由於人們的心態、想法、感受會隨著當下情境產生變化，因此雙方的視線也會不斷地變更方向，同時，內心的情感或想法也會表露在視線上。當對方的視線專注於你，即使四目交接也不移開視線，表示他行事方正，待人以誠，而且具有堅強的意志力；而當對方接觸到你的視線便迅速地移開，表示他意圖隱瞞某些事情，並且擔心你察覺到他的心事；當對方在交談中頻頻移開視線，表示他感到不耐煩或疲累，希望快點結束對話；當對方目不轉睛地瞪視你，代表他對自己很有自信，並希望你能贊同或支持他的說法。

❗ 2.手勢的變化

　　手勢具有輔助語言的效果，因此許多人在言談之間會有意無意地更換手勢，而往往手勢比語言更能傳遞真實情緒。當對方一手擱在嘴邊或擱在耳下，又或者雙手交叉、身體前傾，表示他正專注聆聽，並且十分關注於你的談話內容；當對方邊說話邊以手指指向你，甚至出現握拳、揮拳之類的激烈手勢，多半是代表他具有潛在的攻擊心理；當對方以手撫摸下巴，或是調整衣著、撥弄頭髮，代表他失去耐心，希望你能盡快結束談話。

3.下巴緊縮或上揚

從體態語言學的角度來說，下巴是人們的個性顯示處，依據下巴不同的動作也可解讀他人的心理狀態。在談話過程中，當對方下巴緊縮，表示他具備了服從心態，並且有意縮小自我的勢力；當對方在談話中不時下巴上揚，意味著他有意表示自己與你處於平等的地位，然而他的內心很可能正情緒不寧，而另一種情況是對方自覺高人一等，對你抱有敵意，或是否定你的言行舉止。

4.鼻子的動作

人們的臉部五官中，鼻子被認為是最欠缺「表情」的部位，但是透過外顯的生理現象、撫摸鼻子的動作等等，我們仍可了解一個人的心理狀態。當對方在對話時，鼻頭或鼻樑頻頻冒汗，表示他的內心焦慮不安、精神緊張，如果雙方正在洽談公務或談判協商，意味著對方急於完成協議，並對結果十分在意。但若是在一般情況下，對方則很可能是對你隱瞞秘密，而且內心懷有愧疚之意；在談話中，當對方以手捏鼻樑，表示他認為這是項難題或者是感到疲倦，而其他的動作如摸鼻子、揉鼻子、捏鼻子等，則是表示對方雖然針對你的提問做出回覆，但實際上他內心感到混亂，只是虛應作答。

客戶沒說出口的你也要知道

　　世界上沒有兩片完全相同的樹葉，也沒有完全相同的人。對業務員來說，每個客戶都是不同的，業務員需要了解和關注的內容也不同。但是唯一相同的是，業務員如果不能對客戶的真實狀況瞭若指掌，根據不同客戶的特點找到相應的銷售策略，就很難期待業務能談成。因為業務員如果等到別人開口時才開始做判斷，那麼你在這場談話中就已經失去主導權。

　　想要全面快速了解客戶，業務員就要注重細節，從客戶細微的舉止、談話間發現端倪，正確判讀客戶的性格、心理和需求，從而選擇正確的策略，更高效地引導客戶做出成交決定。

社交陷阱

　　人類的表情十分豐富，每一塊肌肉的運動都有著特殊的含義。在選擇和購買產品的過程中，客戶內心的想法將不可避免地反映在表情上，就算客戶刻意掩飾，也很難掩飾掉表情中表現心理的細微變化。透過仔細觀察客戶的表情，業務員有機會能從中窺探客戶內心的秘密。

　　一家知名公司招聘部門經理，應徵者雲集，其中不乏高學歷、經驗豐富的人。經過初試、複試等兩輪淘汰，只剩下六個應聘者，但公

司最後只能錄取一個人。所以最後一輪將由老闆親自面試。

可是在面試之前，主考官卻發現面試者有七個人。怎麼回事呢？坐在最後一排的一個男子站了起來，說道：「主考官，您好，我是第一輪就被淘汰的，但是我想參加這關面試。」這名男子話一說出口，在場的人都笑起來，就連在門口給考生們倒茶的老頭也笑了。主考官為了不打擊這位男子的積極性，於是說道：「你連初試都沒有通過，怎麼又來參加最後的面試呢？你根本就沒有資格啊！」這位男子卻說：「我的資格就是掌握了別人所沒有的經驗，雖然我的學歷不高，但我曾有過十二家公司的任職經歷……雖然最後這些公司都先後倒閉了，但是我也累積了許多失敗的經歷。」這時主考官打斷他的話：「雖然你有經驗，但是我們還是不能夠給你這個機會。」這時男子繼續說：「我在這十二家公司學到很多其他人學不到的知識。很多人只追求成功，而我卻在自己的求職路程中更有經驗避免錯誤與失敗，了解錯誤與失敗的每一個細節。成功的經驗大抵相同，然而失敗卻各有原因，別人的失敗更值得我們借鑒。」

男子離開座位，做出轉身出門的樣子，又忽然回過頭：「這十二家公司，培養、鍛鍊了我對人、對事、對未來敏銳的洞察力，舉個例子吧，其實真正的主考官不是你，而是那位倒茶的老人。」在場所有人都驚呆了，立即將目光移向老人。老人在詫異之際，很快就恢復了鎮定，隨後笑著說：「很好，你被錄取了。我想知道你是怎麼知道這一切的？」「很簡單，一般來說，倒茶的都是女秘書，而公司為什麼叫一個老人來倒茶呢？他肯定不是秘書啊，唯一的可能就是他是這家公司的老闆！」

細節往往是解決問題的突破口，只有關注細節、懂得思考細節的人，才能更快找到高效解決問題的辦法。與客戶溝通時恰恰是你最容易觀察到客戶細節的時候，調動自己敏銳的觀察力，關注客戶談話時

的每一種情感的表達，將觀察用在細微之處，並認真思考現象產生的原因，相信你能很快就對客戶做到瞭若指掌。

詭計運用

　　為什麼那些超級業務員能在較短時間內對客戶做到瞭若指掌，像算命師一樣迅速抓住客戶的心理特點和需求？那是因為他們擁有超強的洞察力，善於觀察客戶，特別是能細心觀察客戶在交談時表現出的每一個細節，不放過任何一個可能了解客戶的細枝末節。

貼心忠告

　　在人的心理活動驅使下，身體表達有時比語言本身還清楚，因為身體語言通常都是直接的，言辭卻可以在大腦中加以修飾。業務員在與客戶交流時，要注意客戶的肢體語言，認真讀懂客戶動作細節背後的含義。客戶的典型動作及暗藏含義通常如下：

⚠ 1.客戶雙手插腰、交叉在胸前or焦急地揮動手臂

　　客戶雙手插腰表示防衛、抵禦，代表客戶對業務員不夠信任。客戶焦急地向上揮動手臂，那是在強烈地表示：「別煩我了，我不想聽！」這時業務員要意識自己已經讓客戶反感了，就不要再滔滔不絕地繼續介紹了。

⚠ 2.回答變得簡短or翹起二郎腿

　　客戶不停地點頭微笑，則表示對業務員的介紹不討厭，這時業務員要加緊攻勢。而客戶翹起二郎腿，玩弄手裡的筆或其他與銷售無關緊要的東西，說明客戶對業務員的介紹沒有興趣，這時業務員應重新尋找切入點，

吸引客戶注意。回答變得簡短，以「嗯」、「對」、「可能」、「也許」，通常代表他已經無心聽你說話，只是在敷衍。

❗ 3.客戶認真翻看說明書or不時拿起產品

客戶認真地翻看產品說明書，表明他的確是對產品感興趣，也願意了解更多資訊，此時業務員應更深入地介紹產品，滿足客戶渴望了解更多的需求。而客戶不時拿起產品，並嘗試使用或操作，說明客戶已經對產品非常感興趣，如果可能，業務員應邀請客戶試用，並輔以相應的介紹和引導。

❗ 4.客戶用手指不停地敲擊桌面or身體開始前傾

客戶用手指不停地敲擊桌面，表示他已經開始不耐煩，或是有想說的話但是沒機會說，這時業務員要停止介紹，詢問客戶意見並傾聽之。如果客戶在傾聽業務員說話時，身體開始前傾，這表示客戶對業務員信任感增強，願意進一步交流，這時業務員可以順勢將談話引入對銷售成功有利的話題。

❗ 5.客戶表情平靜or表現出神情緊張

如果客戶表情平靜，或是做深思狀，或不發一語，一般情況下，這代表客戶已經開始考慮是否要決定購買產品，所以這時業務員最好不要打擾他，安靜地等待他說出想法和意見。如果客戶總是表現出神情緊張、不安，時常變換坐姿，這往往是客戶在表示拒絕。不過如果客戶的表現持續超過了三分鐘，那麼很可能是他因為暫時有一些顧慮難以理清，或是因為某些原因猶豫不決，但是可以肯定的是，他還沒有確定拒絕購買產品。

提供有效建議，讓客戶不能沒有你

　　客戶在購買產品時，最浪費時間和精力的莫過於選擇產品的過程。為了買到自己滿意的產品，有的客戶會思前想後，權衡利弊，花很長的時間斟酌產品與自身需求之間的差異。業務員一定都不願看到這種情況，但這是銷售必經的過程，其實客戶何嘗不想快點買到符合自己需要又物美價廉的產品呢？對業務員來說，在這個過程中為客戶提供好建議，正是贏得客戶的好機會。

　　在客戶選購產品時，如果你能提供對客戶非常有幫助的建議，不僅能減少銷售時間，而且還能取得客戶更大的信任，客戶不僅會購買產品，而且使用後也會願意繼續找你諮詢。這樣一來，你就把客戶的心套住了。

社交陷阱

　　千萬不要期望客戶能馬上接受產品，至少要給客戶一些思考和衡量的時間，也不要催促客戶做決定。有時候，客戶放棄購買產品並不是他真的不想買，而是被業務員催促得失去了衡量和選擇的耐心，特別是在產品無法完全滿足客戶原始要求的情況下，業務員給客戶一些時間，將客戶的注意力集中到產品的其他優點上，充分調動和利用客戶的折衷心理，這才可能讓客戶做出購買決定，符合你的期望。

針對客戶猶豫不決的部分，業務員在提出更多說明後，可以接著問：「您現在覺得這產品如何呢？」再從客戶的回答中去找出客戶說不的理由、瞭解他們的真正想法，為客戶提出最有利的建議。千萬不要為了賣好價格或是為衝業績而誇大其實，如此才能獲得顧客信任，生意才會做得長長久久。

　　台新銀行資深財務顧問林小姐表示：「理財是一個過程，不是賣完產品就結束，我必須確保是否給每位客戶適當的建議。」業績數字是一時的，能被客戶長期信任反而更重要，因為客戶把他的財產交給你管理，理專就要做客戶的靠山，最好留下手機號碼，讓客戶隨時都能找到你。客戶的投資有賺錢自然理專有面子；但是在客戶賠錢不知道怎麼辦的時候，理專也要能協助將客戶資產轉進避風港，這才是理專的價值所在。

　　如果業務員在客戶信任業務員的情況下為客戶提建議時，這樣的建議會更容易為客戶所接受。要做到這一點，業務員就要想客戶之所想、急客戶之所急，從客戶的角度出發去考慮什麼樣的選擇對客戶最有利，但又不傷及自身利益，這樣業務員就能夠輕而易舉地取得客戶的信任，建議也會更容易被客戶接納。

詭計運用

　　在客戶選擇產品的過程中，業務員只有適時、適當地為客戶提出最有幫助的建議，才能贏得客戶的信服。作為業務員，你應該從客戶的實際情況出發，向客戶提供高效建議，讓客戶覺得沒有你不行。

貼心忠告

以下提供業務員要如何提出建議以俘虜客戶心的注意要點：

🛈 1.先服務別人，再滿足自己

當你要準備開始談一筆生意時，你是花多少時間去想客戶要什麼？還是大部分時間只想到自己要講什麼呢？如果你是一名汽車業務員，你是趕快建議客戶去試車、急著介紹車子的各種功能來促成交易，還是先了解顧客的需求？成交的關鍵是「先服務別人，再滿足自己」，不要因為有業績壓力，而忽略了要照顧到客戶的需求，腦中只想著要催促客戶趕快購買。你要先想著如何滿足顧客的需求，後來才在這當中推薦自己公司的產品或服務，如何能確實滿足他們的需求，也因為成交而滿足了自己的業績需求。

業務員必須了解客戶到底需要什麼，才能給客戶提想要的建議，就是要挖掘客戶的潛在需求，關注客戶的興趣是什麼、關心什麼、什麼需求是必須滿足的……只有這些業務員都了解了，才能夠給客戶想要的。

🛈 2.建議的時機點要恰當

客戶在購買產品時，常常會有很多問題讓他們猶豫不決，業務員在這時為客戶提出建議，就能獲得客戶的重視。一般來說，客戶如果真心想要購買產品，在業務員想幫助他們時都會說出自己內心的想法，所以業務員不用擔心會引起客戶的反感。以下幾種情況是客戶想尋求幫助時的會表現出來的癥兆，應該要特別注意：

◆ 客戶將目光投向業務員

若發現客戶總是將目光投向業務員時，那麼這時客戶的潛臺詞肯定是

在說：「我拿不定主意，你來幫我吧！」業務員此時若能及時出現在客戶身邊，為他解釋說明疑惑及產品特色，那麼肯定可以讓客戶很快地做出選擇。

◆客戶反覆拿起幾件不同的商品

當客戶反覆地拿起幾件不同的產品對照時，此時客戶內心的OS其實就是在說：「我想買產品，但是不知道選哪個比較好啊！」業務員這時主動走上前，根據客戶的需求或生活背景，幫助客戶做出選擇。

◆打電話給親友

當客戶拿起手機向別人求救時，這時可以看做客戶是在尋求可以幫他做決定或給意見的人，業務員可以用真誠態度去說服他，讓客戶信任自己，並幫助客戶做出對他最合適的選擇。

要抓住對方的心，就歡迎客戶的抱怨

　　業務員的工作內容不外乎是與形形色色的客戶往來，每天除了要面對可能的銷售拒絕之外，也會面對某些傲慢無比、有意刁難的客戶，更多時候是要面對抱怨商品或服務的客戶，而在遭遇令人難以心平氣和的情況時，業務員心中的感受、處理問題的方式，完全取決於注意力的焦點。這也就是說，一個能夠妥善處理突發事件與客戶抱怨的業務員，必須將注意力集中在如何解決問題、如何安撫客戶、如何圓融化解爭議，然而在此之前，最重要的，莫過於掌控自我的情緒，避免自己受到負面情緒的影響，如果不能保持平和的情緒予以處理，反而隨著對方的情緒起舞，結果可能將迥然不同。

社交陷阱

　　無論客戶是向你抱怨商品或服務問題，你都要依循以上的處理原則，一步步地化解爭議，並且自我建構一套有系統的處理方式。值得一提的是，通常客戶對商品或服務感到不滿時，情緒反應很容易被激化，而業務員又經常是第一線的處理人員，因此在雙方尚未進入「正式溝通」階段時，業務員必須先安撫客戶，才能讓他們以緩和的情緒訴說抱怨，進而避免可能發生的衝突。

在日本被譽為「經營之神」的松下幸之助（Konosuke Matsushita）認為，對於顧客的抱怨不但不應該厭煩，反而要當成一個好機會。

處理客戶抱怨時，只要你能掌控自我情緒，抱持謙讓態度，並且有步驟地化解爭議，往往就能妥善處理客戶的問題，而你也必須從中記取經驗教訓，避免重蹈覆轍。換言之，客戶的抱怨必然有原因可循，假使檢視自己的銷售過程，就能明白是什麼因素導致失誤，然後，你應思索往後要如何避免問題，或者是如何調整自己的工作方式，特別是經常出現的失誤更不容輕視，因為相同失誤的發生次數過多，很容易就會引起更嚴重的失誤。此外，在面對後續問題的處理時，也別忘了調查客戶的反應，親自致歉並且確認對方的問題已經獲得解決的負責任態度，除了能減輕對方的不快，也能贏得對方更深的信任感！

詭計運用

當客戶有所抱怨與不滿時，業務員沒有理由逃避，也必須正視問題、承認現實，努力尋找解決的辦法，徹底負起解決的責任，以期事情能朝向有利的方向發展，並讓雙方關係獲得修補的機會。

貼心忠告

一個業務員在處理客戶抱怨時，光有善意與責任感是不夠的，許多人一遇到客戶抱怨的情況時，經常會手忙腳亂、毫無章法，致使客戶的不滿情緒高漲，因此，以下七個處理原則，可以協助你立即掌握狀況，繼而有步驟、有計畫性地解決問題。

1.永遠正視客戶的抱怨

當客戶有所抱怨時，絕對不要逃避或忽視，很多時候，他們的抱怨是在提醒你必須改進之處。

2.營造友善氣氛，讓客戶暢所欲言

無論客戶是否帶著怒氣，你都應營造友善的氣氛，並讓對方完全傾吐心中的不滿與想法，這除了能減低對方負面情緒的強度外，也能讓你確實瞭解問題的核心。

3.不與客戶爭辯，並且避免自我辯護

客戶正在表達不滿時，你應以平和、友善的態度仔細傾聽，避免與對方爭論對錯，或是試圖自我辯護，這只會激化客戶的不滿情緒，對於化解爭議沒有任何益處。

4.尊重客戶的立場，不要有先入為主的觀念

客戶抱怨時，要能尊重對方的立場，不可有先入為主的觀念，輕率地否定對方的意見。

5.不急於做出結論，但要展現積極處理的誠意

有時客戶的不滿會涉及許多層面，甚至無法當下立即處理，此時，你不必急於做出結論，而應展現積極處理的誠意，除了請求對方給予你處理的時間，也應承諾一旦確認解決方案後，將會迅速為對方處理問題。

6.向上司回報問題，或是自我記錄處理的經過

如果客戶的抱怨必須獲得上司的協助才能處理時，務必確實向上司回報你遇到的問題，千萬不要隱匿不報，導致情況惡化。如果客戶的問題你能獨自解決，也應記錄處理經過，以便從中思考解決方式，日後也可作為

檢討或改進的依據。

⚠ 7.擬定最佳的解決方案，徹底執行

當你向客戶提出解決方案時，必須清楚說明解決的方式與實際上解決的做法是如何，並且要能獲得對方的理解與認同，必要時，你也可以提供表示歉意的小禮物，而後便是徹底執行解決方案。

而在解決問題之後，千萬不要認為你的任務到此就結束了。你要有更細心的後續的持續追蹤動作，你可以撥個電話，寫封e-mail或簡訊問候對方的情形，並可以再一次的道歉以表達你的真摯歉意，接著，要告訴對方你仍然歡迎他的再次來訪，如此一來，整件事才算圓滿落幕，客戶也會認為你一直都將他放在心上而願意再次與你合作。

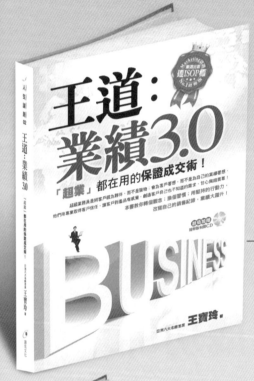

我們改寫了書的定義

創辦人暨名譽董事長　王擎天
總經理暨總編輯　歐綾纖　　　印製者　家佑印刷公司
出版總監　王寶玲

法人股東　華鴻創投、華利創投、和通國際、利通創投、創意創投、中國電
　　　　　視、中租迪和、仁寶電腦、台北富邦銀行、台灣工業銀行、國寶
　　　　　人壽、東元電機、凌陽科技(創投)、力麗集團、東捷資訊

◆台灣出版事業群　新北市中和區中山路2段366巷10號10樓
　　　　　　　　　TEL：02-2248-7896
　　　　　　　　　FAX：02-2248-7758

◆北京出版事業群　北京市東城區東直門東中街40號元嘉國際公寓A座820
　　　　　　　　　TEL：86-10-64172733
　　　　　　　　　FAX：86-10-64173011

◆北美出版事業群　4th Floor Harbour Centre P.O.Box613
　　　　　　　　　GT George Town, Grand Cayman,
　　　　　　　　　Cayman Island

◆倉儲及物流中心　新北市中和區中山路2段366巷10號3樓
　　　　　　　　　TEL：02-8245-8786
　　　　　　　　　FAX：02-8245-8718

國家圖書館出版品預行編目資料

懂的人都不說的社交心理詭計 / 王寶玲著. -- 初版.
-- 新北市 : 華文網, 2011.10
面 ; 公分. -- (成功良品 ; 35)

ISBN 978-986-271-115-6(平裝)
1.應用心理學　2.社交

177　　　　　　　100015648

懂的人都不說的
社交心理詭計

現 在 不 弄 懂 ， 以 後 也 只 能 吃 悶 虧

成功良品 35

懂的人都不說的社交心理詭計

創見文化 · 智慧的銳眼

本書採減碳印製流程
並使用優質中性紙
（Acid & Alkali Free）
最符環保需求。

出版者／創見文化
作者／王寶玲
總編輯／歐綾纖　　　　　　　文字編輯／馬加玲
主編／蔡靜怡　　　　　　　　美術設計／吳佩真

郵撥帳號／50017206 采舍國際有限公司（郵撥購買，請另付一成郵資）
台灣出版中心／新北市中和區中山路2段366巷10號10樓
電話／（02）2248-7896
傳真／（02）2248-7758
ISBN／978-986-271-115-6
出版日期／2016年7月16版38刷

全球華文市場總代理／采舍國際
地址／新北市中和區中山路2段366巷10號3樓
電話／（02）8245-8786
傳真／（02）8245-8718

全系列書系特約展示
新絲路網路書店
地址／新北市中和區中山路2段366巷10號10樓
電話／（02）8245-9896
網址／www.silkbook.com

本書於兩岸之行銷（營銷）活動悉由采舍國際公司圖書行銷部規畫執行。

線上總代理 ■ 全球華文聯合出版平台 www.book4u.com.tw
主題討論區 ■ http://www.silkbook.com/bookclub　　◎ 新絲路讀書會
紙本書平台 ■ http://www.silkbook.com　　◎ 新絲路網路書店
電子書下載 ■ http://www.book4u.com.tw　　◎ 華文電子書中心

創見文化，智慧的銳眼
www.book4u.com.tw　　www.silkbook.com